正しい敬語

美しい日本語を話したい人のために

第2版

フェリス女学院大学名誉教授
末岡 実

本書は二〇一七年に発行した『正しい敬語』に内容を追加して出版したものである。

はじめに

敬語は、古くは身分や役割などの絶対的な枠組みの中で使われ、上下関係を表すものでした。しかし、時代の大きく変化した現代では、敬語の役割も変わってきています。

現実の社会では、適切に敬語を使うことで、立場をわきまえたしっかりした人間だと判断されたり、円滑にコミュニケーションが進むということがあるでしょう。逆に敬語が不適切だと、無礼なやつだとか教養がないとか、残念ながら判断されかねません。初めは敬語で話していたのが、たびたび顔を合わせるうちにだんだん敬語を使わなくなってきたというのは、相手との距離が縮まったと見ることができます。一方、敬語で話していなかった相手に敬語を使って話しかけられ、相手との距離を感じてしまうということもあるでしょう。つまり、現代において敬語は、自分と相手との関係性や距離感、気持ち、配慮などを表現する道具としての働きが大きくなっていると思われます。もちろん、こうした言葉遣いだけでなく、態度、表情、服装などがまとまって、総合情報として相手に伝わるということは言うまでもありませんが。

この本では、生活の場面ごとに敬語の使い方について解説しています。わかりやすく○×式にしましたが、これは絶対に間違いという×と、必ずしも間違いではないが、余計な摩擦を生まないためには○の方がベターというケースがありますので、それぞれの解説をよく読んでください。

第1章では、職場の上司や先輩、取引先、顧客への対応を、第2章では、家庭における来客や外部の人への対応、学校などにおける師弟関係の言葉遣い、近隣の人との日常的な会話、第3章では、パーティーや冠婚葬祭の場での言葉遣いを細かく取り上げています。また、第4章 敬語事典では、よく使う敬語の言い換え表現を一覧にまとめていますので、実践に役立てていただきたいと思います。文化庁が平成19年2月に発表した「敬語の指針」の要旨を付けています。この指針は、現在のところ最新のものですので、参考にしてください。

最後に敬語に限らないことですが、あらためて言うまでもなく日本語表現は時代とともに変わるものです。たとえばひと昔前までは、「全然（ぜんぜん）」ないしは「全（まった）く」という言葉は、後ろに打ち消しや否定的表現を伴って使われるとされ、後ろに肯定的表現を使うのは間違いだとか、好ましくないとされていました。しかし日本を代表する明治の文豪・夏目漱石は、『坊っちゃん』の中で「生徒が全然悪いです」と表現しています。あるいはまた、いわゆる「ら抜き言葉」などはその代表格でしょう。

本編では取り上げることはできませんでしたが、方言の問題があります。北海道では、夜の挨拶に「お晩（ばん）でした」という言葉があります。これは「お晩です」を過去形にした丁寧な表現とされています。敬語を広く方言の世界にまで逍遙すれば、人と人とのコミュニケーション言語の背景にある、日本人の文化や歴史のありようを知ることもできるかもしれません。

本書で敬語や言葉のマナーを学ぶことを通じて、皆さんがより奥深い「言葉」の世界への扉を開かれることを願ってやみません。

平成28年冬

末岡　実

第1章 ビジネス編

会話

電話

お客様応対

近隣応対

学校

第3章

冠婚葬祭編

パーティー

結婚

葬儀

第4章 敬語事典

第1章

ビジネス編

上司に「この件の担当は君かね？」と聞かれたとき

× ええ、そうです。

○ はい、そうです。

敬語の第一歩は、「はい」という歯切れのよい返事から。ビジネスの場でイエス・ノーを聞かれたら、「ええ」ではなく、「はい」と応答しましょう。

家族や仲間うちでは「うん」という返事もありますが、ビジネスの場では論外です。学生気分で「うんうん」などと相槌を打つのもやめましょう。「はーい」と間延びしたり、「はいはい」と二つ繰り返すのもよくありません。いやいやながら返事をしている、または茶化しているという印象を与えてしまいます。

上司に「おはよう」と挨拶されたとき

× おはよう。

○ おはようございます。

敬語の第二歩は、語尾を「です・ます・ございます」といった丁寧語にし、聞き手への敬意を表すことです。終わりよければすべてよし、というように語尾が丁寧だと全体的に丁寧な印象を与えます。

目上の人には、自分の方から挨拶したいものですが、先に「おはよう」と声をかけられることもあります。そういう場合は、「おはよう」とおうむ返しにせず、「ございます」を付けましょう。「ございます」は「ある」「である」の丁寧な言い方です。

ミスをして上司に謝るとき

× ごめんなさい。

○ 申し訳ございません。

敬語の第三歩は、場にふさわしい改まった言葉を覚えて使うことです。仲間うちや家庭内でよく使う「ごめんなさい」「ごめんね」などは子どもっぽい印象を与え、ビジネスの場になじみません。また、「すみません」「すいません」もミスの種類によっては軽々しい印象を与え、「本当に反省しているのかな」と思われてしまう場合もあります。「申し訳」とは弁解、言い訳のこと。「申し訳ない」とは、弁解の余地がないという意味です。頭を下げるのも忘れないようにしましょう。

上司に仕事を頼まれたとき

× いいですよ。

○ はい、承知しました。

上司に仕事を依頼され、了解したとき、「いいですよ」では敬意がなく、ごう慢さも感じられます。「わかりました」や「やります」というのも、敬意が感じられません。まず、「はい」と受けて、改まった言葉「承知しました」「かしこまりました」などと応答しましょう。これで仕事を依頼した側に安心感が芽生えます。

取引先やお客様に対するときなど、さらに丁寧に言うなら「はい、承知いたしました」となります。返事をした後、用件の復唱も忘れずに行います。

上司に「～を知っているか」と聞かれたとき

×知りません。
○存じません。

敬語の第四歩は、自分の動作をへりくだった言い方、すなわち謙譲語で表現することです。目上の人に何か尋ねられたときに「存じません」と答えるのが謙譲表現です。「存じる」は、「知る・承知する」「～と思う・考える」の謙譲語で、「それは存じませんでした」「ぜひ伺いたく存じます」などと使います。

対象が人の場合、「存じる」より敬意の高い「存じ上げる」を使いましょう。「あの人は存じません」ではなく、「あの方は存じ上げません」となります。

上司が外出先から戻ったとき

×ご苦労様です。
○お疲れ様でございました。

「ご苦労様」と「お疲れ様」。どちらも本来はねぎらいの言葉ですが、最近の社会通念では、「ご苦労様」は目上から目下へ、「お疲れ様」は同僚同士または目下から目上へというのが一般的です。

余計な波風を立てないためには、目上に対して「ご苦労様」は禁物です。

職場によっては「お帰りなさい」と言う場合もありますので、企業の慣習やルールに合わせて、声をかけましょう。

自分が外出先から戻ったとき

× ただいま。
○ ただいま戻りました。

自分が外出するときや席を外すときには、「〜に行ってきます」「〜に行って参ります」と周囲に声をかけてから出かけましょう。あわせて、何時頃戻るかということも告げます。声をかけるだけでなく、職場共通の予定表があれば、行き先と帰社時間はきちんと書き入れるのがビジネスのルールです。

戻ってきたときには、「ただいま」と省略せずに、「ただいま戻りました」「ただいま帰りました」ときちんと最後まで言うようにしましょう。

上司に仕事を教えてもらったとき

× お疲れ様でございました。
○ ありがとうございました。

仕事を教えてくれた先輩やアドバイスをもらった上司に対しては、「お疲れ様でございました」というねぎらいの言葉ではなく、「ありがとうございました。大変助かりました」「おかげ様でよくわかるようになりました」などという感謝の言葉を使うようにしましょう。

上司に「誰に言われたの？」と聞かれたとき

× 社長が私に申されました。

○ 社長が私におっしゃいました。

「申す」は「言う」の謙譲語です。「申された」は、尊敬の助動詞「れる」を付けていますが、社長から自分への動作について使うのは間違いです。この場合は、「言った」の尊敬語「おっしゃった」を使います。

尊敬の助動詞「れる・られる」を付けて「言われました」という尊敬語もありますが、「社長が私に言われました」だと、受身の意味に取られ、「私から社長に言った」と誤解される可能性があります。「おっしゃった」という言い換え型の尊敬語を使いましょう。

「部長はどこ？」と社長に聞かれたとき

× 課長とお話しになられていらっしゃいます。

○ 課長と話していらっしゃいます。

「お話しになられていらっしゃいます」は、「話す」の尊敬語「お話しになる」＋尊敬の助動詞「られる」＋「いる」の尊敬語「いらっしゃる」と敬語が三つも重なっています。こういう言葉遣いを「過剰敬語」と言い、文法上の誤りはなくとも、聞き苦しく感じられます。

こうした場合、「お話しになっています」か「話していらっしゃいます」で十分です。迷ったときには、文末を敬語にするとすっきりして聞こえ、敬意も十分感じられます。

「部長いる?」と社長に聞かれたとき

× 部長はお出かけになっていらっしゃいます。
○ 部長はお出かけになっています。

この場合、立場の関係は「社長——部長——あなた」です。直接話している社長に対する敬意は、語尾を「ます」にすることでOKです。社内のことなので、その場にいない上司の部長に対しても敬意を表現しなければなりません。しかし、「お出かけになっていらっしゃいます」では二重に尊敬語を重ねた「二重敬語」になってしまうので、すっきりした敬語にしましょう。

また、社外の人に言うように「佐藤は出かけております」と言うのも間違いです。

上司に「企画書できてたら見せて」と言われたとき

× こちらが企画書になります。ご指導していただいたおかげで、期日に間に合いました。
○ こちらが企画書でございます。ご指導いただいたおかげで、期日に間に合いました。

「～になります」は「～でございます」としましょう。

「ご指導していただく」を分解すると「ご指導する」+「いただく」です。「ご～する」は、「ご返事する」「ご用意する」というように、謙譲語のパターンです。「ご指導する」では、相手を高めるつもりが逆に低めてしまいます。後に「いただく」を付けても不適切でしょう。「して」を取って「ご指導いただく」とすれば、すっきりした尊敬語になります。

上司に「報告書、今日中にできるかな?」と聞かれたとき

× たぶん、大丈夫なんじゃないかと思いますけど…。

○ はい、大丈夫です。夕方5時までには完成します。

「たぶん〜と思いますけど…」「一応そのつもりではいますが…」といったあいまいな表現は、ビジネスでは避けましょう。できるのか、できないのか、はっきりわからないと困る場合も多いからです。

また、「○時」と時間を明言するのがベストです。「今日中」は「日付が変わる夜中の12時直前まで」ではなく、「定時の終業時間まで」と解釈するのが、ビジネスの常識です。

上司から食事に誘われて、断るとき

× 結構です。

○ せっかくですが、今日はあいにく予定が入っておりまして…。

先約があるなどの理由で誘いを断りたい場合、「結構です」はきつい拒絶の表現です。誘ってもらったことに感謝をしたうえで、「せっかくですが…」「ぜひ行きたいのですが…」と残念な気持ちを表し、「次の機会にはぜひ…」「また今度誘ってください」などと付け加えれば、角が立たないでしょう。

誘いを受けて、ごちそうになったときは「ごちそう様でした」「おいしかったです」などと感謝の言葉をきちんと述べましょう。

上司や同僚より先に帰宅するとき

× じゃ、お先です。

○ お先に失礼します。

会社ごとの慣習もあるかもしれませんが、上司や同僚より先に帰るときは「お先に失礼します」と挨拶をしましょう。

また、挨拶をする前に「何かお手伝いすることはありますか」と周囲に伺えば、やる気も伝わり好感度が上がるでしょう。

逆に自分がまだ仕事をしていて、先に帰る人に向かっては「お疲れ様でした」と言いましょう。

上司に行き先を尋ねるとき

× どこへ行くんですか？

○ どちらへいらっしゃるのですか？

敬語の第五歩は、相手の動作を尊敬語にすることです。

目上の人に、どこへ行くのかと尋ねる場合は、「どちら」と改まった言葉にし、「行く」の尊敬語「いらっしゃる」を使います。「どちらへ行かれるのですか？」「気を付けて行かれてください」といった言い方もよく耳にします。「行かれる」は「行く」＋尊敬の助動詞「れる・られる」なので、間違いではありませんが、「イカレル（まともでない）」という音を避けるため、「いらっしゃる」または「お出かけになる」を使う方がスマートです。

上司に帰社時間を尋ねるとき

× 課長さん、何時に戻るんですか？
○ 課長、何時頃お戻りになりますか？

「課長さん」は敬称が二重です。役職を示す言葉は、どれも地位があるという意味で、その言葉自体がすでに敬語となっています。

「何時に戻るんですか？」と尋ねたら、上司はムッとするでしょう。「お＋動詞の連用形＋になる」の公式に当てはめれば尊敬語になります。

「戻る」を「お戻りになる」とし、時間もぼかした「何時頃お戻りになりますか？」なら、余計なトラブルを起こさないで済みます。

「課長の帰りを部長が待っていた」と課長に伝えるとき

× 部長が、課長の帰りを待っておりました。
○ 部長が、課長のお帰りをお待ちになっていました。

話に複数の上司が登場する場合には、どちらに対しても敬意を払う必要があります。

まず、「課長の帰り」では、課長に対する敬意がありません。尊敬の「お」を付けて「課長のお帰り」とします。次に、「待っておりました」では、部長を低めることになってしまいます。「お〜になる」の尊敬語の型に当てはめて「お待ちになる」とし、「お待ちになっていました」と言えば、部長への敬意を表すことができます。

上司に「～を知っているか」と質問するとき

× 部長はあの方を存じ上げていますか？

○ 部長はあの方をご存じですか？

敬語で最も間違いやすいポイントは、自分に尊敬語を使い、相手に謙譲語を使ってしまうことです。「存じる」「存じ上げる」は「知る」の謙譲語で、「知る」の尊敬語は「ご存じ」です。「すでにご存じのことと思いますが…」などと使います。

なお「ご存知」という表記もよく見かけます。多くの辞書は「ご存じ」「ご存知」のどちらも認めていますが、マスコミなどでは「ご存じ」を、公用文書関係は「御存じ」を用いることが多いようです。

上司に外出を促すとき

× 社長、先方に参られる時間です。

○ 社長、先方にお出かけになる時間です。

「参る」は、もともとは「私が参ります」というように、自分の「行く」動作についてへりくだって使う言葉です。尊敬の助動詞「られる」を付けて「参られる」としても、呼びかけられた人はムッとするでしょう。動詞を尊敬語にする「お～になる」の形にして「お参りになる」と言うのも、葬儀などの場合だけです。

「行く」の尊敬語「お出かけになる」「いらっしゃる」を使い、「先方にお出かけになる時間です」「先方にいらっしゃる時間です」などと言えば角が立たないでしょう。

上司と一緒に外出するとき

× 課長、そろそろ参りましょう。

○ 課長、そろそろいらっしゃいませんか？

語尾は「～ましょう」よりも「～ませんか？」と相手に判断を委ねる形にする方が、敬意の高い言い回しとなります。

また、自分だけが行くならば「参る」でいいのですが、課長と自分が二人で行く場合は、課長に敬意を表して「いらっしゃる」を使った方がよいでしょう。

ただし、取引先に課長と自分の二人が行くことを告げる場合に、「課長の渡辺と私がいらっしゃいます」と言うのは間違いです。「課長の渡辺と私が参ります」と言いましょう。

上司との会話で自分のことを言うとき

× この件は、ぼくから社長に説明します。

○ この件は、わたくしから社長にご説明します。

ビジネスの場では、男性、女性を問わず、自分のことは「わたくし」と言うのがベストです。「ぼく」「おれ」「あたし」といったくだけた表現は使わないようにしましょう。

また、「説明します」を謙譲語にして、社長への敬意を表しましょう。「ご～する」に当てはめ「ご説明します」とすれば謙譲語になります。自分の動作に「お・ご」が付くことに抵抗があるかもしれませんが、「報告、連絡、相談、手紙、返事」など、相手に対して行う動作には謙譲語の「お・ご」が付きます。

上司宛てに得意先から「すぐに来てくれ」と電話がかかってきたとき

× 課長、すぐに伺った方がよいのでは？
○ 課長、すぐにいらっしゃった方がよいのでは？

「伺う」や「参る」は、「行く」の謙譲語です。「伺った方がいいですよ」と言うのは、上司よりも得意先を立てています。この場合は、得意先は会話の場面にいないので、会話している上司と自分の関係に留意すればよいのです。

直接、上司に呼びかけているのですから、「行く」の尊敬語「いらっしゃる」を使い、「いらっしゃった方がよいのでは（ないでしょうか）？」と言うのが正しい敬語です。

上司がすぐ行く旨を得意先に伝えるとき

× 山田課長がすぐいらっしゃるそうです。
○（課長の）山田をすぐに伺わせます。

この場合、敬意を表す対象は得意先です。たとえ、あなたのすぐそばに上司がいて話を聞いていても、あくまでも得意先を立てなければなりません。

上司は、得意先に対するときには身内に変化します。したがって、身内の動作に「いらっしゃる」という尊敬語を使うのは間違いです。謙譲語「伺う」を使ったものにします。

また、「山田課長」の「課長」は敬称ですので、ただ「山田」とするか「（課長の）山田」とします。

社長に、部長を急いで社長室へ呼ぶよう指示されたとき

✕ 部長、社長が呼んでます。社長室へ行ってください。何か焦ってるみたいです。

〇 部長、社長がお呼びです。社長室へいらっしゃってください。お急ぎのご様子です。

会話の中に、複数の上役が登場するときの言葉遣いは要注意です。まず「呼んでます」では、社長への敬意が全く表現されていません。「お呼びです」と尊敬語にします。

また、「行ってください」よりも「いらっしゃってください」として、部長の動作にも尊敬語を使いましょう。

「焦ってるみたいです」も、社長への敬意がありません。「お急ぎ」「ご様子」という尊敬語がスッと使えるように練習しましょう。

上司に休暇を申し出るとき

✕ 明日、休みたいんですが。

〇 明日、お休みさせていただきたいのですが。

「休む」のへりくだった言い方は「お休みする」です。「明日、休暇をいただきたいのですが」でもOKです。

今日の明日で急に休みを取る、また、特別に忙しい時期に取るなどの場合は、「急なことで申し訳ありませんが」「忙しい時期に申し訳ないのですが」などの配慮の言葉を付け加えるようにしましょう。

上司をほめるとき

× 課長を見直しましたよ。

○ あらためて感服しました。

「見直した」というのは、今まで気付かなかったよい点を見出したという意味です。これをほめ言葉だと思って目下から目上に使うのは、失礼に当たります。相手が「じゃあ、今まではどう思ってたんだ。無能だと思っていたのか」と内心がっかりするからです。

「あらためて」という言葉を先に付け、「あらためて感服しました」「あらためて恐れ入りました」とすれば、今までもわかっていたが、さらに…というニュアンスとなり、失礼になりません。ほめ言葉は、逆効果にならないよう、言葉をよく選びましょう。

上司に企画書を見てくれたかどうか尋ねるとき

× 企画書を見てもらえましたか？

○ 企画書をご覧いただけましたか？

上司に「見てもらえましたか？」と尋ねるのは敬意のない表現です。この場合は「見る」の尊敬語「ご覧になる」に「いただく」という謙譲語を付け加え、「ご覧いただけましたか？」とすれば、敬意が表現できます。

また、例文にはありませんが、「企画書を拝見していただけましたか？」と言うのも正しくありません。「拝見する」は謙譲語で、相手の動作には使わないからです。丁寧に言おうとして、「ご覧になる」と取り違えないようにしましょう。

上司に企画について尋ねるとき

× わかりましたか？　これで結構でしょうか？

○ ご理解いただけたでしょうか？　これでよろしいでしょうか？

自分の企画を説明していて、「わかりましたか？」と目上の人に尋ねるのは、失礼に当たります。相手の理解力を疑ってかかっているかのように受け取られる可能性があるからです。「ご理解いただけたでしょうか？」とへりくだった言い方にしましょう。

また、「これでよろしいでしょうか？」「はい、結構です」とは言いますが、「これで結構でしょうか？」という言い方はしません。

上司や先輩にお菓子などを渡すとき

× お客様からもらったんですけど、食べませんか？

○ お客様からいただきました。召し上がりませんか？

「お客様からもらった」は「いただきました」とへりくだった言い方をしましょう。

「食べませんか？」では、相手に対する敬意が感じられません。「食べる」の尊敬語「召し上がる」を使って「召し上がりませんか？」と尋ねましょう。「お～になる」を使った尊敬語「お食べになりませんか？」や「れる、られる」を使った尊敬語「食べられませんか？」よりスマートです。

また、「お一つ、いかがですか？」などの婉曲な表現でもよいでしょう。

先輩に相談に乗ってほしいと頼むとき

× 仕事が暇になったら、声をかけてください。
○ お仕事が一段落したら、お声をかけてくださいますか？

忙しい先輩に、自分のために時間を取ってもらおうというときに、「仕事が暇になったら」では失礼です。「お仕事が一段落したら」や「お時間がよろしいときに」「お手すきのときに」などと言いましょう。

先輩への敬意を表すために、「声をかけて」は「お声をかけて」にします。また、「かけてください」と言い切るよりも、「かけてくださいますか？」と、相手に判断を委ねる語尾にした方が丁寧です。

先輩に仕事の進捗を問われたとき

× 忘れてました。
○ 失念しておりました。

「会場の予約はしてある？」との先輩からの問いかけに、たとえ事実でも「忘れてました！」は禁句。誠意のない人と思われます。ビジネスの場では「失念」という言葉を使いましょう。「失念する」は「うっかり忘れる」ことですが、自分の行為をへりくだる謙譲語です。「申し訳ありません。失念しておりました」と頭を下げ、すぐ取り掛かりましょう。

「失念」は「お客様が暗証番号を失念なさって…」などと他人の行為には使いません。

社外から電話がかかってきたとき

× もしもし、青空商事です。

〇 はい、〇〇株式会社でございます。

ビジネスの場では、電話が途切れたときなど、突発的な場合は別として「もしもし」は使わないのが普通です。語尾は「ございます」と丁寧に言いましょう。会社によって、「〇〇株式会社・営業部でございます」「〇〇株式会社・営業部・山本でございます」など、どこまで名乗るか、電話応対のしかたが細かく決まっていることがあります。

また、初めに「毎度ありがとうございます」と言ったり、朝11時頃までは「おはようございます」と挨拶したりする会社もあります。

相手の声が小さくて聞き取りにくいとき

× 声が小さくて聞き取れないんですが…。

〇 お名前をもう一度お聞かせ願えますか？

「声が小さくて聞き取れないんですが…」と直接的に言ってしまうと、まるで責めているようで、相手の感情を害する恐れがあります。こういう場合には、「申し訳ありませんが」と切り出し、「お名前をもう一度お聞かせ願えますか（いただけますか）？」と言います。

「恐れ入りますが、少々お電話が遠いようですが…」と電話のせいにして、相手に声を大きくしてほしいことを婉曲に促すのもいいでしょう。再度聞いてもはっきりしない場合は「イトウ様でしょうか？　サイトウ様でしょうか？」と具体的に確認します。

電話に出るまでに時間がかかったとき

× 大変お待たせしてしまいまして、誠に申し訳ございませんでした。

○ お待たせしました。青空商事でございます。

電話は3コール以内に出るのがマナーですが、3コール過ぎてから出た場合は、まず「お待たせしました」と言ってから会社名を名乗ります。ビジネスの場ではスピード感が大事です。いくら丁寧でも、待たされた末にあまりくどくどと謝られると、かけた方はイライラしてしまいます。

取り次がれて自分が電話に代わるときも、待たせたかなと思ったら「お待たせしました。小林でございます」と言いましょう。

相手が名乗ったら

× お世話様です。

○ いつもお世話になっております。

「お世話様です」はくだけた言い方なので、よほど親しい取引先以外には使いません。

相手が名乗ったら、「南北銀行の中村様でいらっしゃいますね」などと復唱し、「いつもお世話になっております」と続けましょう。

電話をかけてきた相手から先に「お世話になっております」と言われた場合は、「こちらこそいつもお世話になっております」と答えましょう。

相手が名乗らないとき

× どちら様ですか？

○ **失礼ですが、お名前を伺ってもよろしいでしょうか？**

電話に出たら相手が名乗らず、いきなり「佐藤部長、いる？」などと指名してきた場合も、丁寧に対応しましょう。

「どちら様ですか？」ではきつく聞こえますし、先方に失礼です。「聞く」の謙譲語「伺う」または「お聞きする」を使って「お名前をお聞きしてもよろしいでしょうか？」などと対応しましょう。「失礼ですが」は「恐れ入りますが」でもＯＫです。

「山田課長はいらっしゃいますか」と聞かれたとき

× はい、山田課長はいらっしゃいます。

○ **はい、山田はおります。**

取引先から問い合わせがあった場合です。

山田課長は社内では上司だとしても、社外に対しては身内です。社外の人に対して、身内の動作を「いらっしゃる」と尊敬語で言うのは正しくありません。「課長」という敬称を省いて「山田」と呼び捨てにし、「おります」と謙譲語を使います。

「少々お待ちくださいませ）」と言って取り次ぎます。

指名者に取り次ぐとき

× 元気産業の吉田という人から電話です。

○ 元気産業の吉田様からお電話です。

指名者に取り次ぐときは、こちらの声が相手に聞こえないように保留ボタンを押すのがマナーです。しかし、たとえ相手に聞こえないにしても「吉田という人」といった失礼な言い方はやめましょう。

また、相手がただ「吉田と申します」とだけ言って、所属会社を名乗らない場合など、自分が全く知らない相手の場合は「吉田様とおっしゃる方からお電話です」と言って取り次ぎましょう。

同姓の指名者がいる場合の応対

× 木村は二人いますけど？

○ 木村は二人おりますが、下の名前はおわかりになりますか？

「いる」の謙譲語「おる」を丁寧にした「おります」を使いましょう。

「営業部の木村でしょうか？　経理部の木村でしょうか？」などと具体的に聞くと、相手に対して親切です。

部署、性別、フルネームなどできちんと確認を行い、取り次ぎ間違いをしないようにしましょう。

指名された電話に出るとき

× はい…。

○ お電話代わりました。木村でございます。

指名されて電話に出たときに、ただ「はい…」だけでは、相手は取り付く島がありません。相手に居心地の悪い思いをさせないよう、「お電話代わりました。○○でございます」とすぐに名乗りましょう。

先方が初めて話す相手であれば、「○○部の○○と申します」と応対しましょう。

取引先から山田課長に電話がかかってきたが、外出中のとき

× 山田課長は外出されています。

○ あいにく山田は外出しておりまして…。

取引先から「山田課長はいらっしゃいますか？」と電話がかかってきた場合、山田課長は自分の側の身内です。相手が山田課長に尊敬語を使うからといって、つられて「外出していらっしゃいます」や「外出されています」などと、身内に尊敬語を使わないようにしましょう。身内の動作には、「外出しております」と謙譲語を使います。

冒頭に「いつもお世話になっております」「あいにく」などを付けると、相手により丁寧な印象を与えます。

外出中の同僚から山田課長がいるかどうか聞かれたとき

× はい、山田はおります。

○ はい、山田課長はいらっしゃいます。

外出中の同僚から電話がかかってきて「山田課長はいらっしゃいますか？」と聞かれた場合です。

社外の人からかかってきた電話であれば、「はい、山田はおります」で正しいのですが、この場合は相手が同僚なので、いくら電話であっても、敬語の使い方は社内での会話と同じになりますので、山田課長に対する尊敬語「いらっしゃる」を使いましょう。つい間違いやすいポイントですので、注意しましょう。

山田課長に自宅から電話がかかってきたが、外出中のとき

× 山田は外出しております。

○ 山田課長は外出なさっています。

山田課長の家族から「山田はおりますでしょうか？」と電話がかかってきた場合、山田課長は相手側に属する人です。「山田は…」などと、取引先に対するように答えると、家族は、社内で粗末に扱われているのではないかと心配になってしまいます。

「山田課長は」または「山田さんは」と敬称を付け、「する」の尊敬語「なさる」を使い答えましょう。

山田課長に電話がかかってきたが、会議中のとき

× 山田は都合で出られません。

○ 山田はただいま、席を外しております。

「都合で出られません」と言うと、その人の電話より重要な仕事をしているのだ、という高飛車な印象を与えてしまいます。また、「会議中です」「来客中です」「トイレです」などと具体的な理由まで言う必要はありません。

電話に出られなくて申し訳ないという姿勢で、最初に「あいにく」と言い「山田はただいま、席を外しております」と続けましょう。「席を外す」という言い回しは、「社内にはいるが、席にはいない」ということを意味する便利な言葉です。

指名者がほかの電話に出ているとき

× 今、電話中なんですよ。

○ 山田はただいま、ほかの電話に出ております。

「電話中なんですよ」「電話中なんですが」では、敬意が感じられません。「申し訳ございません」「あいにく」などと切り出し、「ほか（別）の電話に出ております」または「電話中でございます」などと答えます。

「すぐ終わりそうですか？」と聞かれて、すぐ終わりそうな場合は「間もなく終わると思います。お待ちいただけますか？」などと言い、長くかかりそうな場合は「長くかかりそうですが、終わり次第こちらからお電話を差し上げましょうか？」と相手の判断に委ねます。

指名者が不在で電話のかけ直しについて聞くとき

× 山田が戻りましたら、電話させますか？

○ 山田が戻りましたら、お電話をかけ直しましょうか？

本人が不在のときには、戻ったら電話をかけ直そうかと、相手の意向を聞くのがマナーです。しかし「電話させますか？」では相手への敬意が感じられません。

よく耳にする「折り返しましょうか？」という表現は「折り返し、こちらからお電話をかけ直しましょうか？」と言うべきところを省略し過ぎています。「かけ直しましょうか？」よりもさらに丁寧に言う場合は、「お電話を差し上げましょうか？」となります。

電話のかけ直しを依頼されたとき

× 電話番号を教えてください。

○ 念のため、お電話番号をお願いいたします。

「戻りましたら、お電話をかけ直しましょうか？」と申し出たところ、「では、よろしく」と言われました。「山田はお電話番号を存じておりますでしょうか？」と聞くこともありますが、相手は自分のことではないので「さあ…」となってしまうかもしれません。

念のため、相手の電話番号を聞いておく方が無難です。そのとき、「お電話番号をお願いいたします」以外に「お電話番号を伺いたいのですが…」でもOKです。番号を聞いたら「復唱いたします。○○○○－○○○○ですね」と確認します。

何時頃に戻るか聞かれたとき

× 山田は3時ぐらいに戻ると言ってました。
○ 山田は3時頃に戻ると申しております。

　ビジネスの場では「ぐらい」ではなく「頃」と言います。「言ってました」ではなく「言う」の謙譲語「申す」を使い、相手にへりくだる言葉遣いにします。

　すぐ戻りそうな場合は「10分ほどで戻る予定です」と、時刻ではなく時間で答えた方がわかりやすいでしょう。また、戻る時間がはっきりしないときは「申し訳ございません。戻る時間はわかりかねます」、直帰することになっている場合は「あいにく本日はもう戻らない予定です。明日は通常通り出社いたします」などと答えましょう。

指名者が不在で、伝言を聞くとき

× 私が聞いておきましょうか?
○ 私でよろしければ、承りますが?

「聞いておく」と言われると、相手は恩着せがましく感じますし、聞くだけ?と不信感も持ってしまいます。

「承る」はもともと「受け賜る」の意味で、「聞く」「引き受ける」などの謙譲語です。「承りますが」と謙虚に答えて、相手が伝言を言いやすくすることが大切です。なお、よく耳にする「賜りますが」は不適切です。

　伝言内容は「復唱させていただきます」と伝え、確認をするとより親切です。

指名者が休んでいるとき

× 山田はお休みをいただいております。

○ 山田は休暇を取っております。

よく耳にする「お休みを（させて）いただいております」には賛否両論があります。問題だとする意見は、休みの許可を与えた会社に「させていただく」とへりくだっているなら、身内に敬語を使っていることになるというもの、問題なしとする意見は、電話の相手も含め、広く外部の方に迷惑をかけて申し訳ないという気持ちを表しているというものです。不快に思う人もいるという現状なので、「休暇を取っております」の方が無難でしょう。場合によっては「終日外出しておりまして、明日は出社いたします」などでもよいでしょう。

指名者がすでに帰宅しているとき

× 山田は、退社いたしました。

○ 山田は、本日すでに退社（帰宅）いたしました。

「退社」には、「帰宅した」という意味とともに「退職」の意味もあり、久しぶりに電話をかけてきた人などの場合、会社を辞めたと誤解を招くこともあるので、「本日、すでに」を付けて言うようにしましょう。

また、「申し訳ございません。本日、○○は失礼させていただきました」でも意味は通じますので、臨機応変に活用しましょう。

指名者が出張しているとき

× 山田は札幌の元気産業に出張しておりまして、月曜までお休みをいただいております。

○ あいにく山田は出張しておりまして、来週月曜には出社予定でございます。

電話をかけてきた相手に、出張先や用件まで言う必要はありません。「月曜までお休みを…」と言うと、月曜は休暇なのか出社するのかあいまいで判断に迷います。次の出社日を告げるようにしましょう。

指名者から伝言を預かっているとき

× 明日、電話がほしいそうです。

○ 明日、お電話をいただきたいと申しておりました。

留守にする山田課長からあらかじめ「電話がかかってきたら、明日改めて電話がほしいと伝えておいて」という伝言を預かっています。だからと言って、その言葉のまま「電話がほしいそうです」では、相手への敬意が感じられません。「電話」を「お電話」とし、「〜ほしい」を尊敬表現の「〜いただきたい」と言い換える必要があります。

上司や得意先に緊急に呼び出されたとき

× すぐ行きます。

○ はい、ただいますぐに参ります。

緊急に呼び出された場合でも慌てず、まず「はい」と答えましょう。「行きます」の「行く」を謙譲語の「伺う」「参る」にし、「すぐに参ります」「すぐに伺います」と話すことで、相手に落ち着いた印象を与えます。

初めての電話をするとき

× ぼくは青空商事の小林ですが。

○ わたくしは青空商事の小林と申します。

ある会社に初めて電話をする場合、言葉遣いですべてを判断されることもありますので、注意が必要です。

「ぼく」ではなく「わたくし」、「～ですが」ではなく「～と申します」と名乗ります。すっかり知り合ってからも「～と申します」と言い続けると、逆に不自然に思われることもあるので、気を付けましょう。

相手に都合を尋ねるとき

× ご都合はどうですか？

○ ご都合はいかがですか？

電話で話しをする場合に限らず、目上の人や取引先の人に「どうですか？」と聞くのは、敬意がありません。あくまで相手に「お伺いを立てる」というへりくだった気持ちで、「いかが」という改まった言葉を使いましょう。

相手に訪問日時を伝えるとき

× では明日、午後1時に行きます。

○ では明日、午後1時に伺います。

「行きます」は「行く」の謙譲語の「伺う」とし「伺います」と言いましょう。

さらに丁寧にした「お伺いします」「お伺いいたします」は「二重敬語」ですが、近年、社会的に許容されてきています。

取引先に電話をかけるとき

× 田中課長さんはおりますか？

○ 田中課長はいらっしゃいますか？

「おります」は謙譲語なので、相手の行為に対して使うのは間違いです。「いる」の尊敬語「いらっしゃる」を使い、「いらっしゃいますか？」としましょう。

また、「課長」という役職名はすでに敬称なので、「さん」などの敬称は付けません。「課長の田中様は…」ならOKです。

お隣の国、韓国では、役職の後に「ニム（様）」という敬称を付けるのが一般的です。国際交流の際には、文化の違いに配慮しましょう。

相手が不在で帰社時間を尋ねるとき

× いつ帰られますか？

○ 失礼ですが、何時頃お帰りになりますか？

「いつ」よりも「何時頃」とぼかした表現にしましょう。

「帰られますか？」は動詞「帰る」に尊敬の助動詞「れる・られる」を付けたものなので、間違いではありませんが、「お〜になる」の形で「お帰りになる」とした方がより丁寧な印象になるでしょう。

「お帰りになられる」は「お帰りになる」と「帰られる」が混在している「二重敬語」となりますので、注意しましょう。

相手に電話をしてほしいと頼むとき

× 帰ったら、電話をもらいたいのですが。
○ 恐れ入りますが、お帰りになりましたら、お電話をいただきたいのですが。

電話をかけて相手が不在だった場合は、かけた方がかけ直すのが原則ですが、相手の戻る時間がはっきりしない場合などは、かけ直してもらった方が助かります。そういう場合は、自分の会社名、名前、連絡先をきちんと伝え、丁寧に頼みましょう。

「お帰りになりましたら」は「お戻りになりましたら」でもＯＫです。

伝言を頼むとき

× 伝言をお願いします。
○ お伝えいただきたいのですが。

不在の人への伝言を頼むときは、先方にそれだけ手間を取らせるわけですから、丁寧な言葉遣いが必要です。まず冒頭に「恐れ入りますが」というクッション言葉を入れ、「…とお伝えいただきたいのですが」または「ご伝言をお願いできますか？」のように、伝言をお願いするというへりくだった姿勢で言うことが大切です。

相手にかける手間を想像すれば、言葉遣いだけでなく、口調も自然と謙虚なものになるはずです。

伝言を頼んだ相手の名前を尋ねるとき

× 名前を教えてください。

○ お名前をお聞かせ願えますか？

電話をかけた相手が不在で伝言を頼む場合には、「誰に」伝言を頼んだのか、相手の名前を聞いておくべきです。しかし「名前を教えてください」では敬意が不足しています。「よろしければ」または「失礼ですが」と先にクッション言葉を入れ、「お聞かせ願えますか？」と改まった言葉遣いをしましょう。

翌日、電話をかけ直すと伝えるとき

× では明日、改めさせていただきます。

○ では明日、改めてお電話を差し上げます。

電話をかけて相手が不在、翌日かけ直しをすることを伝える場合です。「改めさせていただく」と省略し過ぎず、「改めてお電話を差し上げます」ときちんと言った方がよいでしょう。

電話を受けた人が「こちらからお電話しましょうか？」と言った場合は、「ありがとうございます」とお礼を述べ、希望する対応を話しましょう。

電話口に上司を呼ぶとき

× 課長いる?

○ 課長をお願いできますか?

外出先から自分の会社に電話して、電話口に上司を呼んでもらう場合です。電話に出た相手がたとえ後輩であっても、きちんとした言葉遣いをしましょう。

自分の所属でない部署の人が出た場合などは、「○○課の○○ですが、○○課の○○課長をお願いできますか?（取り次いでいただけますか?）」などと自分の所属部署と名前を名乗り、上司の名前と役職を言うのがマナーです。

直帰するとき

× このまま直帰します。

○ 直帰してもよろしいでしょうか?

「直帰」とは、出先から会社に戻らずそのまま自宅に帰ることです。これは自分で判断しないで、上司にお伺いを立てることが必要です。

「差し支えなければ」や「よろしければ」と前置きし、「このまま帰宅してもよろしいでしょうか?」「このまま失礼してもよろしいでしょうか?」と言うのもOKです。

問い合わせするとき

× 弊社《へいしゃ》のホームページを見たのですが。

○ 御社《おんしゃ》のホームページを見たのですが。

インターネットのホームページを見て、電話で問い合わせするときには注意が必要です。ホームページに「弊社では…」「弊社のお問い合わせ先」などと書いてあるため、つい「弊社のホームページを見たのですが」と言ってしまいそうになります。「弊社」の弊は疲弊の弊で、よれよれの会社と自分の側をへりくだっている言葉です。「小社」も同じです。また、「当社」も相手のことを言うときには使えません。「御社の…」と言いましょう。文字で書くときは「貴社」もOKです。「お宅の会社の…」はくだけ過ぎで、敬意がありません。

お客に住所を聞くとき

× おところ様、頂戴できますか？

○ ご住所をお聞かせくださいますか？

「より丁寧に」と意識するあまり「おところ様」や「お宛名様」と言うことがあるかもしれませんが、丁寧を通り越して馬鹿にされているように感じます。シンプルに「ご住所」「お名前」と言いましょう。また住所や名前は相手にあげるものでもないですし、「頂戴できますか？」や「いただけますか？」はふさわしくありません。

見知らぬ来客に名前を尋ねるとき

✕ お名前は？

○ どちら様でしょうか？

まず「失礼ですが」「恐れ入りますが」などとクッション言葉を言いましょう。そのうえで、「どちら様でしょうか？」「お名前をお聞かせいただけますでしょうか？」または「お名前をお伺いしてもよろしいでしょうか？」などと言えば、相手に不快感を与えずに名前を聞くことができます。

約束があるのか来客に尋ねるとき

✕ 約束はありますか？

○ お約束をいただいておりますでしょうか？

会社にはさまざまな人が訪れます。事前に約束のうえ、来社される方もいれば、アポイントメントなしで、来社される方もいますので、約束のあり・なしを尋ねる場合があります。来客に対し「約束はありますか？」では幼稚で敬意もなく、相手を怒らせる可能性がありますので、きちんと敬意を表しましょう。

また、アポイントメントを省略して「アポはお取りでしょうか？」などというのも失礼に当たります。

約束のある来客へ応対するとき

✕ 鈴木様でございますね。

◯ 鈴木様でいらっしゃいますね。お待ち申し上げておりました。

「ございます」は、「私は小林でございます」というふうに、「小林です」を丁寧に言う場合に用いられる言葉です。

相手に対しては「いる」の尊敬表現「いらっしゃる」とし、「いらっしゃいますね」と尋ねましょう。

客の訪問をねぎらうとき

✕ わざわざ参られて恐縮です。

◯ わざわざお越しくださり、恐縮です。

「参る」というのは「行く」の謙譲語で、自分が先方へ行くときに使う言葉です。相手の行動には「お越しくださり…」「お出かけくださいまして…」と言うようにしましょう。

「恐縮」とは文字通り、恐れから身がすくむ状態を意味する言葉です。しかし、実際には、相手から厚意を受けた場合などに感謝する気持ちや、相手に迷惑をかけて済まないと思う気持ちを表現する言葉として使われています。

佐藤部長への面会希望に応じるとき

× すぐ佐藤を呼んで来ます。

○ すぐ佐藤にお取り次ぎします。

上司への来客に対して「呼んで来ます」ではぞんざいで、全く敬意がありません。社外の人には「取り次ぐ」を「お～する」の謙譲語の形にし、「お取り次ぎします」と言いましょう。「では少々お待ちください」と来客に声をかけ、上司を呼びに行きましょう。

来客に、上司からの伝言は預かっていないと言うとき

× 佐藤から何もご伝言を承っておりませんが…。

○ 佐藤からの伝言はありませんが…。

来客に、上司からの伝言は預かっていないかと聞かれたときの対応です。「承る」は「受ける」の謙譲語ですので、上司に対して「承る」を使うと、上司を持ち上げたこととなり、結果として、話し相手である取引先を低めてしまいます。

また、身内同士でのやりとりに「ご伝言」と「ご」は不要です。「伝言はありません」とすっきり言いましょう。

来客に用件を尋ねたいとき

× 用件は何ですか。

○ ご用件を伺わせていただきたいのですが。

見知らぬ来客に対して用件を尋ねたい場合、「用件は何ですか」では、あまりに無愛想で敬意がありません。

「ご用件を伺わせていただきたいのですが」「ご用件を承りたいのですが」や「ご用件をお伺いしてもよろしいでしょうか？」などと丁寧に尋ねましょう。

来客に用事を頼まれたとき

× わかりました。

○ はい、かしこまりました。

来客に用事を頼まれ、引き受ける場合「わかりました」ではそっけなく、相手は本当にわかったのかどうか不安になってしまいます。

このようなときには、まず「はい」と答え、「かしこまりました」もしくは「承知いたしました」と丁寧な言葉遣いをすると、誠意があるという印象を持たれます。

来客を別の部署に案内するとき

× 広報の方に伺ってください。
○ 広報の者にお尋ねになってください。

取引先から担当外の質問を受け、ほかの部署へ案内することがあります。そのとき「広報の方に伺ってください」では、敬語として二つのミスを犯しています。

まず、「…の方」というのは尊称ですから、「御社の広報の方に…」などと使うべきで、身内に対して使うのは間違いです。身内に対しては「…の者」と言ってへりくだります。

また、「伺う」は「訪問する」「質問する」などの謙譲語ですから、相手の動作には使いません。「お尋ねになってください」「お聞きください」といった尊敬語を使いましょう。

来客に別の部署で確認してほしいと言うとき

× 営業部でご確認してくださいませんでしょうか。
○ 営業部でご確認くださいませんでしょうか。

「ご～する」は謙譲語の形なので、「ご確認する」や「ご確認してください」は、相手の動作には使いません。「ご確認ください」または「確認してください」なら大丈夫です。

では、「ご確認していただけませんでしょうか」ならどうでしょう？　「ご確認していただく」も、元は「ご確認する」なので、謙譲語の「ご～する」の形です。やはり相手には使えません。同様に、「ご確認いただく」「確認していただく」なら大丈夫です。

商談中の上司に電話があったとき

× 課長、南北銀行さんからお電話です。

○ お話し中、失礼いたします。

会議室などで商談中の上司に取引先から至急の電話がかかってきた場合、どう対応すればよいでしょう。

まず、「お話し中、失礼いたします」と呼びかけ、「どうぞ」と言われてから入室しましょう。用件はメモで伝えるといった心遣いが必要です。特に「南北銀行さんから」などと相手を具体的に言ってはいけません。

商談中に中座するとき

× 大事な電話がかかってきまして…。

○ 申し訳ございませんが、少々失礼させていただきます。

商談中にやむを得ず席を立たなければならない場合、「大事な電話」などと言うと、「商談より大事」と相手を軽視していることになります。

具体的な理由は述べず、誠実に謝ってから中座します。席に戻ったら「お待たせして申し訳ありません」などと言いましょう。

相手の話を聞き返すとき

× と申しますと？

○ とおっしゃいますと？

「申す」は「言う」の謙譲語で、相手に対するへりくだった表現となります。この場合の、「〜と申しますと？」は相手が〜と言ったことに対する受け答えですので不適切な表現です。

相手が言ったことに対しては「言う」の尊敬語「おっしゃる」を使い、「とおっしゃいますと？」と言いましょう。

取引先受付で訪問の用件を聞かれて

× 見積書を持ってきました。

○ 見積書をお持ちしました。

取引先に見積書などの書類を届けに行った場合、「持ってきました」では相手に対する敬意がありません。

「持つ」を「お〜する」形式の謙譲表現に当てはめ、「お持ちしました」としましょう。「ご持参しました」でもよいでしょう。

取引先に冊子を見てもらいたいとき

× この冊子を拝見してください。
○ この冊子をご覧になってください。

「拝見する」は「見る」の謙譲語なので、相手の動作に対しては尊敬語の「ご覧になる」を使いましょう。

「拝」の訓読みは「おがむ」で、「謹んで～する」という意味です。ビジネスの場には「拝察」や「拝受」などがよく登場しますが、「拝見」同様、相手の動作には使えません。

取引先に会社案内を読んでもらいたいとき

× ウチの会社案内をお読みになられると
○ 小社の会社案内をお読みになると

「お読みになられる」は「読む」を「お～になる」の形式で、「お読みになる」と尊敬語にしたうえで、「れる」を加えたものなので「二重敬語」となります。通常の尊敬語「お読みになる」で十分です。

また、「ウチの」ではなく「小社の」と言いましょう。

取引先の会社案内をほしいとき

× ご参考までに、お宅の会社案内を頂戴できますか?

○ 参考にさせていただきたいので、御社の会社案内を頂戴できますか?

「ご参考までに」は、こちらから資料などを渡すときに使う言葉です。「までに」には「…に過ぎない」と小さく限定する意味があり、「ほんのお見舞いのしるしまでに」「ご挨拶までに」などと謙遜して使います。したがって、相手から提出してもらうものに対して、「ご参考までに」と言うのは失礼です。

また、「お宅の会社案内」ではなく、「御社の会社案内」と丁寧に言いましょう。

取引先の部長に共感するとき

× 部長がおっしゃられることはごもっともです。

○ 部長がおっしゃることはごもっともです。

「おっしゃられる」は、「言う」の尊敬語「おっしゃる」に、尊敬を表す助動詞の「れる」を付けたものです。これは「二重敬語」なので誤りとされています。

「二重敬語」は、接客の現場などでよく耳にします。たとえば「お連れ様がお見えになられました」。「お見えになる」で「見る」の尊敬語なのですが、さらに尊敬の助動詞「られる」をプラスしています。敬語を重ねれば敬意が高まるというものではなく、逆に違和感を覚える人も多いのですが、「二重敬語」とわかっていても使うという場合もあるようです。

取引先にお伺いを立てるとき

× どうしますか?

○ いかがいたしましょうか?

トラブルが起きたとき、取引先に事情を説明して指示を仰ぐ――ビジネスの現場ではよくあるシーンです。

慌てて「どうしますか?」となりがちですが、「いかがいたしましょうか?」と敬意を表現しつつ指示を仰ぎましょう。

取引先に謝るとき

× 厚くおわび申し上げます。

○ 深くおわび申し上げます。

「厚く」は「感謝の意」を表すときの言葉で、「厚く御礼申し上げます」などと使います。「おわび」を言うときには「深く」を使います。

また「お許しください」という意味で「ご勘弁ください」というフレーズがありますが、「もう勘弁してよ」などと軽く使われることが多いので、謝罪のときには不適切です。「ご容赦ください」という謝意の高い敬語を使うようにしましょう。

取引先にノーと言うとき①

× お断りします。

○ 今回は遠慮させていただきます。

しつこい勧誘などは「お断りします」とはっきり言う方がいい場合もありますが、取引先に何か依頼されて断るとき、「お断りします」では拒絶されたという印象が強く、今後の関係にもひびが入りかねません。「今回は遠慮させていただきます」と言えば角が立たないでしょう。また、途中まで進んでいた商談を断る場合も、「なかったことにしてください」よりも「今回は見送らせてください」と婉曲に言うのがいいでしょう。いずれの場合も「申し訳ありませんが」と前置きし、否定的な言葉を使わないのがポイントです。

取引先にノーと言うとき②

× そのように申されましても、ご要望には応じかねません。

○ そのようにおっしゃられましても、ご要望には応じかねます。

「応じられません」という拒絶的な表現を避けたのでしょうが、×の文例には二つのミスがあります。一つ目は、相手の動作に「申されましても」と謙譲語を使っている点です。「おっしゃられる」と尊敬語を使いましょう。二つ目は「応じかねません」という言い回し。「…かねる」は「…して上げたいのは山々だが、…することが難しい」という意味の言葉です。「応じかねます」で応じられないという意味なので、「応じかねません」では応じることになってしまいます。

言いにくい話を聞き出そうとするとき

✕ お話しにくいでしょうが

◯ **お話しになりにくいでしょうが**

「話しにくい」を尊敬語にする場合、「お」を付けて「お話しにくい」とすればよいというものではありません。

「話す」の尊敬語「お話しになる」に「しにくい」が付いたものと考え、「お話しになりにくい」とします。

見送りを遠慮するとき

✕ このへんで結構ですから。

◯ **こちらで結構でございます。失礼させていただきます。**

取引先を訪問し、相手が玄関まで見送ってくれようとしたが遠慮するという場合、「このへんで結構ですから」はくだけ過ぎです。

「このへん」は「こちら」に、「結構です」は「結構でございます」と丁寧に言って、一礼をしましょう。

飲食店にてメニューを渡すとき

× こちらがメニューになっております。

○ メニューでございます。

ファミリーレストランなどで「こちらがおしぼりになります」もよく聞きますが、「こちらが」は不要です。

「～になっております」「～になります」という言い方も間違いです。「なります」は「なる＋ます」が省略されたもので、「なる」の意味から対象が変化する際に使う表現です。

注文のしかたを説明するとき

× ご注文が決まられましたら、このボタンを押されてください。

○ ご注文がお決まりになりましたら、こちらのボタンを押してお呼びください。

ファミリーレストランなどで、店員が客に注文方法を説明する場合の言い方です。「決まられましたら」は「決まる」に助動詞「られる」が付いた尊敬語ですので間違いではありませんが、「お～になる」に当てはめ「お決まりになる」の方がスマートです。「押されてください」も同様です。

「この」は「こちらの」と丁寧な表現に言い換えましょう。

飲み物の注文を取るとき

× お飲み物は何にいたしますか？
○ お飲み物は何になさいますか？

居酒屋などで、まず飲み物の注文を聞かれることがあります。「お飲み物は何にいたしますか？」の主語はお客です。飲み物の種類はお客が決めるからです。お客の動作に「いたす」という謙譲語を使うのは失礼です。「なさる」という尊敬語を使いましょう。

ただし、「お飲み物は何をお持ちいたしましょうか？」なら、少し丁寧過ぎますが、謙譲語の使い方は間違っていません。「お持ちいたす」つまり、飲み物を持ってくるのは店側の従業員だからです。誰の動作かを考えるのが、正しく敬語を使うためのポイントです。

注文を確認するとき①

× ご注文のほう、繰り返させていただきます。
○ ご注文を繰り返します。

こちらもファミリーレストランなどでよく聞かれるフレーズですが、「〜のほう」は必要ありません。

「させていただく」は「する（させてもらう）」の謙譲語で、「繰り返させていただきます」も間違いではありませんが、回りくどい言い方です。すっきりと「ご注文を繰り返します」でＯＫです。

注文を確認するとき②

× 以上でよろしかったでしょうか？

○ **以上でよろしいでしょうか？**

「よろしかったでしょうか？」と過去形にするのは、より丁寧にしたいという気持ちの表れでしょうが、注文を取ってすぐに過去形というのは変に思われます。

「よろしい」は「いい」の丁寧語なので、「よろしいでしょうか？」で十分です。

注文の品は揃ったかと尋ねるとき

× ご注文の品はお揃いになりましたか？

○ **ご注文の品は揃いましたでしょうか？**

「お揃いになりましたか」というのは、「お～になる」形式の尊敬語「お揃いになる」の過去形「お揃いになった」の語尾を丁寧にした疑問文です。

「皆様、お揃いになりましたか？」というのは、主語が「皆様」なので、尊敬語を使うのは正しいのですが、例文の場合の主語は「ご注文の品」です。今自分が運んできたモノに対して尊敬語を使っていることになるので誤りなのです。

「ご注文の品は揃いましたでしょうか？」と尋ねればＯＫです。

空いた器を下げてもいいかと確認するとき

× 下げても結構ですか？

○ お下げしてもよろしいでしょうか？

下げるのは自分なので、「お～する」に当てはめ「お下げして」と謙譲語にします。「結構です」は「これで結構です」などと言うように、「よい」をへりくだった表現ですので、自分にしか使えません。

食事が済んだかを確認するとき

× お食事はお済みになられましたか？

○ お食事はお済みになりましたか？

「済む」の尊敬語は、「お～になる」に当てはめて「お済みになる」です。「お済みになられる」は、「お済みになる」に、さらに尊敬の助動詞「られる」を付けた「二重敬語」です。「二重敬語」は避けましょう。

客に名前を聞くとき

× お名前様、頂戴できますか？

○ お名前をお聞かせくださいますか？

敬語では、相手の持ち物や関係する物に「お」や「ご」を付けることがあります。「お子様」「おかげ様」のように、「お」も「様」も付いた言葉はありますが、何でも「お〜様」に当てはめれば丁寧というわけではありません。

住所を尋ねるときなども「おところ様」や「お宛名様」でなくシンプルに「ご住所」と言いましょう。

パン屋で包装のしかたについて聞くとき

× あんパンはご一緒してよろしいですか？

○ あんパンは一緒にしてもよろしいですか？

パンの種類ごとにポリ袋に入れるパン屋は多いですが、これは複数のあんパンを一つの袋に入れてもいいかどうか、客に質問する場面の言葉です。

「ご一緒する」は尊敬表現ですので、お客でなくパンに対して敬語を使う結果になってしまっていますので、「一緒にする」でＯＫです。

商品を宣伝するとき

× お求めやすいお値段でご奉仕…。
○ お求めになりやすいお値段でご奉仕…。

バーゲンセールなどで「大変お求めやすいお値段でご奉仕いたしております!」などという言葉をよく見聞きします。「お求めやすい」とは、価格が安いことを意味しているのはわかるのですが、間違った敬語です。「求める→求めやすい」を尊敬語にしようとして「お」を付けたのでしょうが、尊敬語にするためには「お～になる」という形式に当てはめなければなりません。「食べる→食べやすい」の尊敬語は「お食べやすい」ではなく「お食べになりやすい」だと考えると、理解しやすいでしょう。

「買うことができる」と言うとき

× お買い求めできます。
○ お買い求めになれます。

「お～できる」は謙譲語「お～する」の可能表現で、たとえば店員自身が「すぐにお届けできます」や「すぐお渡しできます」などというような場合に使います。

この場合は、尊敬語「お買い求めになる」を可能の形「お買い求めになれる」とし、語尾を丁寧にして「お買い求めになれます」と言います。

駐車場の利用について言うとき

× 屋上駐車場もご利用できます。

○ 屋上駐車場もご利用になれます。

「ご利用できる」は「ご～する」の謙譲形式に、可能の意味の「できる」を添えた表現なので、相手には使えません。

まず、「ご～になる」の尊敬語の形「ご利用になる」としたうえで、可能の形「ご利用になれる」としましょう。

トイレの利用について言うとき

× おトイレをご利用される方は

○ お手洗いをご利用になる方は

「おトイレ」は「お手洗い」と言い換えましょう。

「ご利用される」は、一見どこが悪いのかわかりにくいですが、尊敬語「ご利用になる」と「利用される」が混じった形の間違いです。

「ご利用になる」または「利用される」どちらか一方にしましょう。

カードの利用について言うとき

✕ カードもご利用していただけます。

○ カードもご利用になれます。

「ご利用していただけます」は謙譲表現「ご利用する」＋「いただく」の可能表現です。相手の動作に「ご利用する」を使うのは間違いです。また「いただけます」は店側の謙譲表現のつもりであっても、相手の動作に「いただく」という謙譲語を使ったと誤解されることもあります。「ご利用していただけます」ではなく「ご利用いただけます」であっても、抵抗を感じる人がいます。「ご利用になれます」「ご利用が可能です」なら問題ありません。「いただく」は、かなり使い方の難しい言葉です。

捺印を依頼するとき

✕ ここにハンコを押してください。

○ こちらにご捺印をお願いいたします。

「ここにハンコを…」では、くだけ過ぎです。「ここ」はビジネスにふさわしい言葉「こちら」と言い換えましょう。「ご捺印をお願いいたします」「ご印鑑を押していただけますか」などと言いましょう。

商品交換を断るとき

× この商品はお取り替えできかねません。
○ この商品はお取り替えできかねます。

「以前に購入した品物を取り替えてほしい」とお客に言われ、店側が「できない」と断るときの例です。

「〜かねる」だけで「〜することが難しい」「〜することができない」という意味ですので、それを「〜かねません」と否定すると、「できる」ことになってしまいます。

お客を待たせるとき

× お座りになってお待ちしてください。
○ おかけになってお待ちください。

「お座りになって」は、尊敬語として間違いではありませんが、犬が「お座り」と命令されたような語感があるので避けましょう。

「お待ちしてください」の「お待ちする」は「お〜する」形式の謙譲語です。「お〜くださる」という形式の尊敬語を使いましょう。

店内アナウンスで①

× お連れ様がお待ちしております。
○ お連れ様がお待ちになっています。

デパートなどで連れとの待ち合わせや、途中で連れとはぐれたりした場合の店内アナウンスです。

「お待ちしております」では、主語の「お連れ様」をへりくだらせています。尊敬語「お〜なる」に適用して「お待ちになっています」としましょう。また、「お待ちです」「待っておいでです」でもOKです。

店内アナウンスで②

× お心当たりの方は
○ お心当たりのある方は

「お心当たりの方は、1階インフォメーションカウンターまで…」デパートなどで落とし物が届いたので、落とし主を探す店内アナウンスなどのときの言葉遣いです。

すっかり耳慣れていますが、「心当たる」という動詞はありませんので、「お心当たりの方」というのはおかしな日本語です。正しくは「お心当たりのある方」です。

電車内でのアナウンスで①

×ご乗車できません。
○ご乗車になれません。

「ご〜できません」は、謙譲語「ご〜する」の可能表現の否定形です。元が謙譲語なので、相手（乗客）の行為に使うのは失礼です。

尊敬語の可能表現「ご〜になれる」の否定形の「ご乗車になれません」が適切です。「ご乗車はできません」ならOKです。

電車内でのアナウンスで②

×忘れ物をいたしませんよう
○忘れ物をなさいませんよう

電車やバスを利用した際に耳にするアナウンスです。

「いたす」は「する」の謙譲語なので、「私がご連絡いたします」などと自分の動作に対して使い、相手の動作には使いません。

注意する場合でも「する」の尊敬表現「なさる」を使い、「忘れ物をなさいませんよう」が正しい言い方です。

駅構内でのアナウンスで

× 危ないですから、白線の内側にお下がりください。
○ 危険ですから、白線の内側にお下がりください。

駅構内でよく聞かれる「危ないですから…」というアナウンス。「危ないです（形容詞＋です）」は、現代では平明、簡素な形として認められており、間違いとは言えなくなっていますが、違和感を持つ人はまだいることでしょう。「危険ですから」と言い換えればＯＫです。

お客に注意するとき

× ほかのお客様がご迷惑されますので
○ ほかのお客様がご迷惑なさいますので

「される」と「なさる」は「する」の尊敬語です。「なさる」は、より丁寧に「ご〜なさる」という形にできます。「ご〜になる」と同じ型です。しかし「ご〜される」は不適切です。「ご迷惑＋される」という意識で使っても、「ご〜する」という謙譲語の形式が土台になっているため、謙譲語と尊敬語（される）の組み合わせで不自然だとみなされます。「迷惑されます」または「（ご）迷惑なさいます」が適切で、「ほかのお客様のご迷惑になります」でもＯＫです。

受付で患者に声をかけるとき

× 山川さん、おりましたら、受付まで来てください。

○ 山川さん、いらっしゃいましたら、受付までお越しください。

「おります」は「いる」の謙譲語なので、相手には使いません。尊敬語の「いらっしゃる」を使いましょう。

また、「来てください」ではなく「来る」の尊敬語「お越しください」と丁寧に言いましょう。

受付で患者に薬の受け取りについて言うとき

× 薬は薬局でいただいてください。

○ 薬は薬局で受け取ってください。

病院の受付などで、薬をどこで受け取るかについて患者に説明する場面です。

「いただいてください」は、「もらう」の謙譲語なので、相手の動作には使いません。これでは、病院の身内である薬局を高め、目の前の患者を低めています。

「受け取ってください」で十分丁寧な表現です。

困っている患者に声をかけるとき

× どうかいたしましたか？

○ どうかなさいましたか？

「いたす」は「する」の謙譲語で、たとえば「そのようにいたします」などと、自分に使う言葉です。「いたす」のは患者なので、この場合は誤りです。「する」の尊敬語「なさる」を使って「どうかなさいましたか？」と言いましょう。「いかがなさいましたか？」だと、より丁寧です。

レジで会計金額ちょうどを受け取ったとき

× 千円ちょうどお預かりします。

○ 千円ちょうどいただきます。

合計金額がぴったり千円なのに「ちょうどお預かりします」と言われることがあります。預かったら返す必要がありますが、おつりはありません。「ちょうど」と「預かる」の組み合わせは矛盾しています。

千円未満だった場合に「千円からお預かりします」という言い方も耳にしますが、「から」は不要です。「千円お預かりします」と言いましょう。おつりを受け取ったら、確認して「はい、確かに」と返事をするのは、お客の側のマナーです。

敬語のポイント

ビジネス用語を身に付けよう

ビジネスの世界では、きちんとした言葉遣いは信頼の基本です。中でも敬語が正しく使いこなせるか否かは、ビジネスマンとしての「一人前」を見分ける基準ともなります。

社内における上司、先輩との会話では、それぞれの相手と自分との関係やＴＰＯに合わせた敬語、表現を使い分けることが重要になります。

また、お客様を迎えるときや相手の会社を訪問するとき、取引先からの電話に受け答えをするときは、会社の代表として恥ずかしくないような正しい敬語を使わなければいけません。

そのためには、ビジネスのあらゆるシーンでよく使われる特有の言い回し、「ビジネス用語」を身に付けておく必要があります。

たとえば、上司に業務報告をしたいとき、「今、いいですか？」ではなく「今、お時間よろしいでしょうか？」と声かけをします。業務でミスをして上司に謝るときは、「すみません」「ごめんなさい」ではなく「申し訳ございません」。

取引先から何かを頼まれたときには、「わかりました」ではなく「かしこまりました」「承知いたしました」と返事をします。電話での第一声は「もしもし」ではなく「はい、〇〇株式会社でございます（〇〇株式会社・総務部・〇〇でございます）」など。

また、言葉によって同じ意味として通用するものであっても、「ビジネスに有効な表現」と「日常的な表現」とがあります。たとえば、自分の会社を言うときにはへりくだった意味を持つ「弊社」「小社」などと言い、相手の会社に対しては敬意を表し「御社」と呼びます。自分のことを言うときは「私（わたし）」ではなく「私（わたくし）」、「私（わたし）たち」でなく「私（わたくし）ども」。

「さっき」は「さきほど」、「あとで」は「のちほど」、「今日」は「本日」など、ビジネスの現場では改まった言葉に言い換えて使うのがマナーです。こうしたちょっとした言葉の違いが、会話の雰囲気を大きく変えるのです。

まずは、職場の上司や先輩の言葉遣いを注意深く聞いて、適切なビジネス用語の使い方を覚えていきましょう。

本書、第4章　敬語事典（213ページ）には、代表的なビジネス用語と「来客・訪問時」「上司・先輩に対して」「電話で」「接待・酒の席で」「お願い・お断り」「苦情を伝える・苦情に対処する」「やわらかい反論」などの言い換え表現を一覧にまとめています。

敬語は実際に使って慣れることが大切ですので、何度も声に出して練習してみましょう。

敬語のポイント

ビジネス文書を覚えよう

連絡や報告、おわびの文書など、ビジネス文書は仕事をする上で重要な役割を持っています。ビジネス文書というと、堅苦しくてとっつきにくいイメージがあるかもしれませんが、社会人として必要不可欠なスキルの一つです。しっかりと基本を身に付けましょう。

とはいえ、ビジネス文書はフォーマットが決まっていますので、形式に従って書けば難しいものではありません。

ビジネス文書の場合、挨拶状や招待状は縦書きにすることもありますが、一般的にはA4サイズで横書きにします。相手の会社名は左上、自分の会社名はそれより下げて右上にする、「頭語」と「結語」、時候の挨拶を入れるなどの基本ルールがあるので、まずはビジネス文書の基本形を覚えてしまいましょう。

また、ビジネス文書には、大きく分けて社外文書と社内文書がありますが、どちらも正確にわかりやすくまとめることが大切です。

そのためには、文章は短く簡潔に書く、結論・趣旨を先に述べる、専門用語や略語は使わないなどの配慮が必要です。「〇時頃」「結構です」など、あいまいな表現、どちらにも解釈できる表現を使わないように気を付けてください。

よいビジネス文書は、誰が読んでも一目でわかるものです。書き終わったら必ず読み返し、上司や先輩といった第三者のチェックを受けるようにしましょう。

●おもな社外文書

会社を代表して書く文書なので、正確さはもちろんのこと、時候の挨拶を交えつつ、簡潔にわかりやすくまとめます。

目的	種類
取引・業務	通知状　案内状　紹介状　照会状　回答状　抗議状　依頼状
社交・儀礼	挨拶状　招待状　見舞い状　悔やみ状

●おもな社内文書

社内に向けての文書は形式よりも簡潔さ、わかりやすさを重視しましょう。

目的	種類
指示・命令	通達　指示書　稟議書　提案書　辞令
報告・上申	報告書　届出書　上申書　顛末書　始末書
連絡・調整	通知書　照会書　回答書　案内書
記録・保存	議事録　帳票類

●基本のビジネス文書

①日付　発信日を入れます。
②宛名　先方の社名、部署名、肩書き、名前を書きます。
③差出人　担当者の名前を書く。場合によっては社長や上司の名前で出すこともあります。
④件名　用件が一目でわかるタイトルを付けます。
⑤頭語と結語　文頭を空けずに頭語を入れ、文章の最後に結語を入れます。
⑥時候の挨拶　季節によって使い分けて。事例の「時下ますます〜」は一年中使えます。
⑦主文　具体的な用件は、「さて」で始めます。
文章はですます調で書きます。
⑧記書き　事務的な連絡事項は、「記」と記した後に箇条書きでまとめ、「以上」で締めます。

①2021年7月20日

②○○商事株式会社
販売促進部長　佐藤健一様

③株式会社□□□□
営業部　山田太郎

④新製品の発表会のご案内

⑤拝啓　⑥時下ますますご清栄のこととお喜び申し上げます。
　平素は格別のお引き立てを賜り、厚く御礼申し上げます。
⑦さて、弊社では夏期の新製品について、下記のとおり発表会を開催致します。ご多忙とは存じますが、ぜひご高覧いただきたく、ご案内申し上げます。

⑤敬具

⑧記

日時　2021年9月10日（金）　13時～15時
場所　東京都新宿区○○1－2－3
　　　○○ホテル　鳳凰の間
　　　tel. 03-0000-0000

以上

ビジネス文書（一例）

●頭語・結語の組み合わせ

頭語（とうご＝書き出し）と結語（けつご＝結び）は社内文書には必要ありませんが、社外文書では必要です。

これらは決まった組み合わせがありますので、正しく使用しなければ取引先・お客様に文書の完成度、会社の格までも低くみられてしまうでしょう。

使用する文書	頭語	結語
一般的な社外文書	拝啓	敬具
儀礼性が高い文書	謹啓	謹言・敬白
返信文書	拝復	敬具
挨拶文の省略	前略	早々・草々
急用の場合	急啓	早々
見舞い状	急啓	早々
悔やみ状		合掌

●社内文書

社内文書の場合は、日付の上に管理番号を入れます。また、頭語や結語、時候の挨拶などは必要ありません。要点を箇条書きにまとめ、必要事項の記載もれがないよう気を付けましょう。

営分　No.00375
2021 年○月○日

営業部各位

企画広報室　山田太郎

販売促進会議の開催について

下記の通り、販売促進会議を行いますので、ご出席いただきますようお願い申し上げます。

記

日時　2021 年○月○日（月）14 時～ 16 時
場所　５階第３会議室
議題　①新商品について
　　　②新商品の販売戦略について
　　　③その他

以上

担当　企画広報室　内線 216　山田

社内文書（一例）

●封筒の書き方

全体のバランスを考えながら楷書で書きます。宛名は住所よりも一字下げ、中央に大きく書きましょう。縦書きは漢数字、横書きは算用数字を使い、封じ目には「封」「緘」「〆」などがありますが、「〆」を「×」としてはいけません。

和封筒の書き方

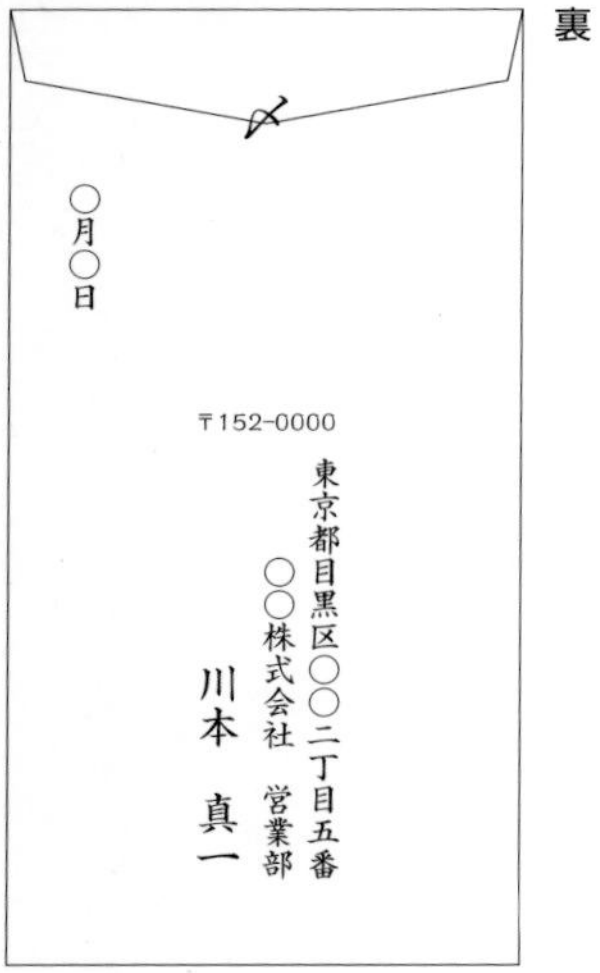

洋封筒の書き方（横書きの場合）

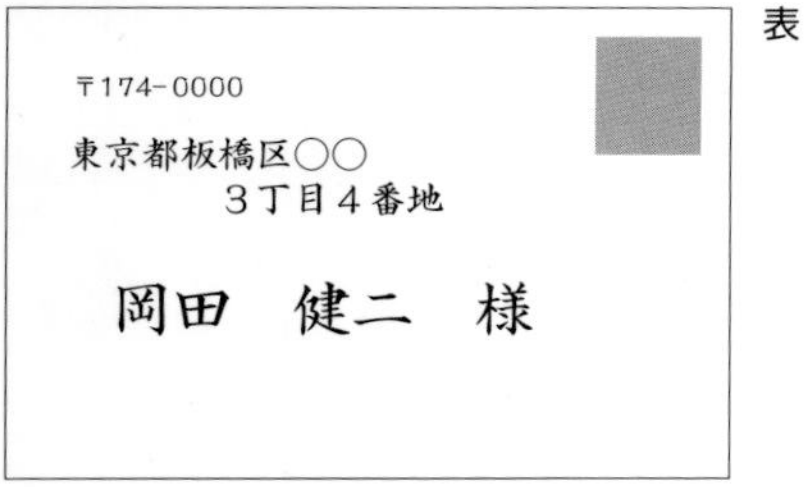

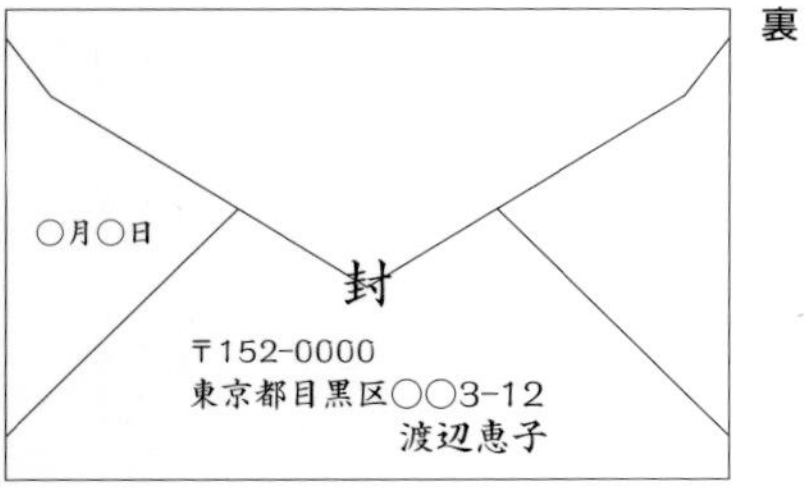

●おもな外脇付

手紙には外脇付①というものがあり、手紙の内容等に関する説明や注意を促します。請求書や領収書など、大切な書類を郵送する場合、封筒に「請求書在中」「領収書在中」など外脇付を添え書きしておくとダイレクトメールなどと間違われず、確実に開封してもらえるため、ビジネス文書を中心に、多く用いられています。外脇付にはいくつかの種類があります。注意を促すために目立たせたい場合は、赤い文字で書くこともあります。

おもな外脇付	意味
親展	本人以外は開封禁止
重要	重要文書のため丁寧に扱ってください
拝答	返信してください
至急	すぐに開封して迅速な対応をお願いします
在中	請求書在中など同封物を指します

敬語のポイント

ビジネスメールの基本を理解しよう

インターネットの普及、また、近年では多くの企業がテレワーク化を進めていることにより、メールは今まで以上にビジネスに不可欠なツールになりました。形式がある程度決まっているビジネス文書と違い、ビジネスメールは自由度が高く、気軽に利用することができます。そのため、不用意に失礼なメールを送ってしまうことも多いので注意が必要です。

たとえば、プライベートなメールで使う絵文字や顔文字は、ビジネスの場にはふさわしくありません。絵文字で親しみを込めたつもりが、逆に良識を疑われることにもなりかねません。

また、便利だからと何でもメールで済ませようとする人もいますが、同じ人に一日に何度もメールを送るのは迷惑です。用件を整理し、少ない回数で済ませるようにしましょう。

さらに、携帯電話・スマートフォンへのメールは文字量を少なくする、夜遅くや休日のメールは避けるなどの配慮も必要です。

●基本のビジネスメール

①宛先
「〇〇様」と敬称を付け、あらかじめ登録しておくと便利です。

②件名
人によっては一日に100件以上のメールを受け取ることもあるでしょう。用件が一目でわかる件名を書いて、読んでもらう工夫をしましょう。長すぎるタイトルはNGです。

③宛名

文の最初に宛名を入れます。ここに書く宛名はフルネームでなくてもOKです。

④本文

一文字空けず、冒頭から書きます。簡単な挨拶を添え、用件を書きましょう。文は短めを心がけ、30文字程度の意味の変わり目で改行をします。数行続いたら、適度に行間（一行空白）を取るなど、読みやすくする工夫をしましょう。事務的な連絡事項は、箇条書きにします。

⑤結びの挨拶

最後に簡単に挨拶をして締めます。

⑥署名

送信者の会社名、部署、名前、電話・FAX番号、メールアドレスを必ず入れること。署名機能を利用して、自動的に署名を入れると便利です。

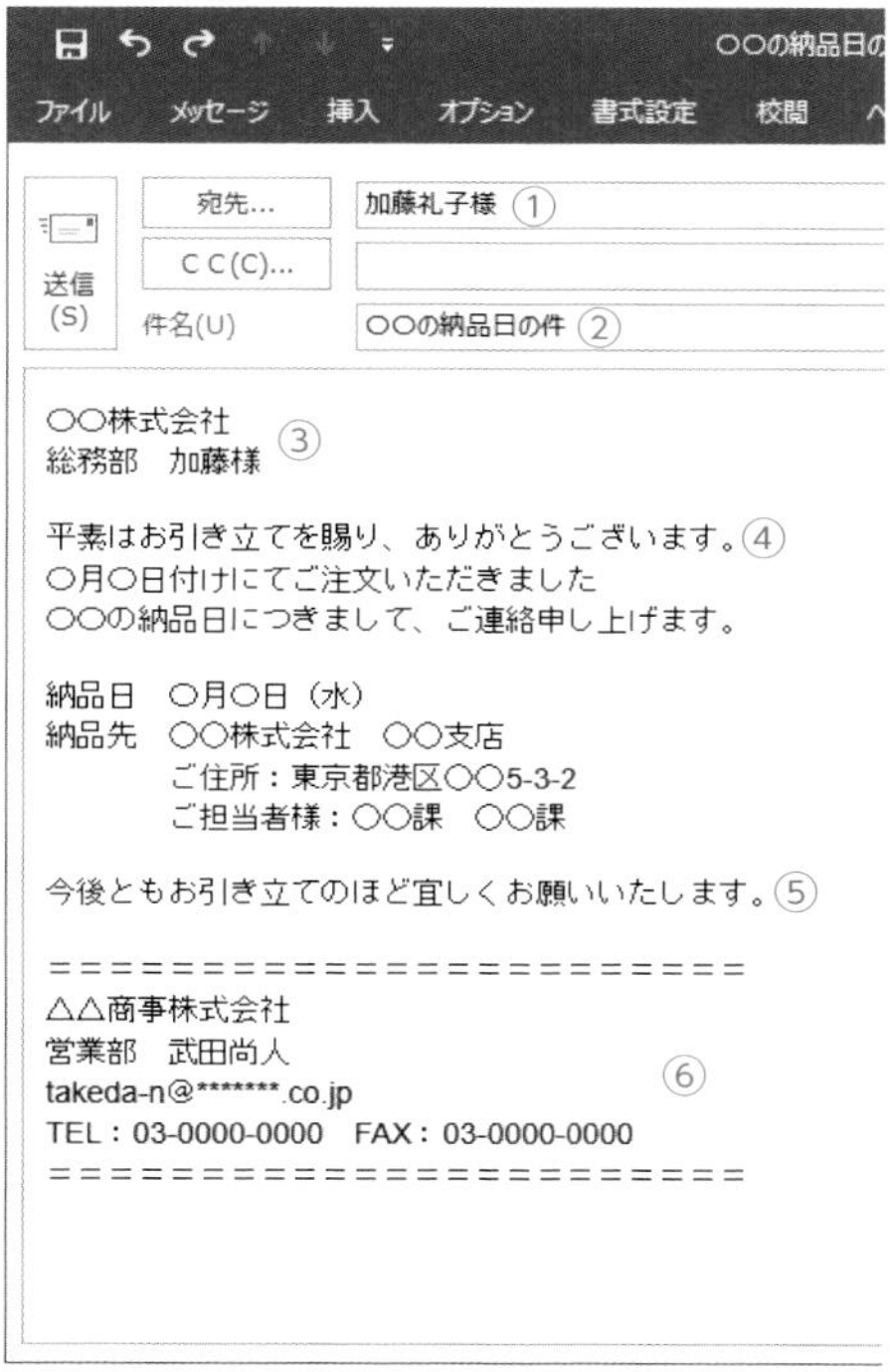
○○の納品日の
ファイル
メッセージ
挿入
オプション
書式設定
校閲
送信 (S)
宛先...
加藤礼子様 ①
CC(C)...
件名(U)
○○の納品日の件 ②
○○株式会社
総務部　加藤様 ③
平素はお引き立てを賜り、ありがとうございます。④
○月○日付けにてご注文いただきました
○○の納品日につきまして、ご連絡申し上げます。
納品日　○月○日（水）
納品先　○○株式会社　○○支店
ご住所：東京都港区○○5-3-2
ご担当者様：○○課　○○課
今後ともお引き立てのほど宜しくお願いいたします。⑤
========================
△△商事株式会社
営業部　武田尚人
takeda-n@*******.co.jp
TEL：03-0000-0000　FAX：03-0000-0000
========================
⑥

基本のビジネスメール（一例）

敬語のポイント

敬称の付け方を会得しよう

文書を送る際には、相手に敬意を表するため「敬称」を付けます。敬称の使い方を間違えると失礼になりますので、意味や役割をしっかり理解してから使いましょう。ビジネス文書でよく使われる敬称は「様」「御中」「各位」です。

●様（殿・先生）

個人の氏名の後に付ける「様」は敬称として最も多く使われています。宛先が連名の場合、「○○・△△・□□様」などと省略せずに、「○○様　△△様　□□様」と個々に「様」を付けます。「さま」と仮名書きにするのはビジネスでは避けましょう。

「殿」も「様」と同じ意味で、かつては役所関係などでよく使われていましたが、現代では、個人名がわからない場合に「営業部長殿」などと使われる程度です。個人名がわかる場合には「営業部長○○様」としましょう。個人名がわからない場合、「○○会社　ご担当者様」という表現もよく使われます。

教師、医師、弁護士、会計士、議員、作家など特定の職業に就く人には「様」ではなく「先生」がよく使われます。このとき「○○先生様」とするのは敬称が二重ですので誤りです。また、医師への手紙には「○○先生侍史」「○○先生机下」と脇付を付ける慣習があります。「御侍史・御机下」と、さらに丁寧にする場合もありますので、職場のルールに従ってください。

●御中

官庁や企業、団体、部署など組織に宛てるときに用いる敬称が「御中」です。「○○株式会社御中　総務部御中」や「○○会社御中　△△様」などという表記を見ることがありますが、「○○株式会社　総務部御中」「○○会社　△△様」のように敬称は一つにします。

●各位

複数の人に宛てる場合は「各位」が敬称です。たとえば「関係者各位」で「関係者の皆様」という意味になりますので、「関係者各位様」と、さらに「様」を付けるのは誤りです。敬称が二重になるという意味では「お客様各位」も誤りですが、最近は便利な言葉として広く使われています。これを避けたい場合は「お客様へ」または「各位」となるでしょう。

敬語のポイント

クッション言葉を活用しよう

「恐れ入りますが、少々お待ちいただけますか？」

この「恐れ入りますが」という表現のように、伝えたい内容に入る前にワンクッション置く言葉を「クッション言葉」と言います。相手への配慮や心遣いを伝えることができるので、物事を依頼したり断ったりするとき、謝るときなどに使うと会話がスムーズに進みます。

電話をかけた相手が不在だったとき、「○○は外出しております」とだけ言われると、なんだか無愛想に思えます。丁寧に話していても、相手の心証を悪くしてしまうことがあります。相手を気遣うさまざまな表現を覚えて、上手に使いこなしましょう。

●代表的なクッション言葉

・相手の意向に添えないとき

申し訳ございませんが

大変残念ではございますが

あいにくですが

せっかくですが

・相手にお伺いを立てるとき

失礼ですが
差し支えなければ
少々お尋ねしたいのですが

・相手にお願いをするとき

恐れ入りますが
恐縮ですが
お時間がありましたら
お手数ですが
ご面倒ですが
よろしければ

敬語のポイント

ちょっと待った、その言葉

なんだかおかしな敬語として、近ごろ批判されているのが「マニュアル敬語」や「バイト敬語」と言われるもの。

「お弁当のほう、温めますか」

「こちら、コーヒーになります」

「1万円からお預かりします」

などが上げられますが、確かに、ちょっと首を傾げたくなるような表現です。

これらは、敬語に不慣れな若者たちが、ファミリーレストラン、ファストフード店やコンビニエンスストアなどで接客するときに丁寧さを表現する目的で使っているようです。

たとえば、ファミリーレストランでの注文時、

「ご注文は以上でよろしかったですか?」

と言われたとしましょう。

「よろしいですか」という現在形よりも、「よろしかったですか」という過去形の方が、改まった丁寧な感じがするということですが、何かいんぎん無礼な感じを受けるものです。

平成25年度、文化庁による「国語に関する世論調査」において、「お会計のほう、1万円になります」、「千円からお預かりします」という言い方を取り上げ、それが気になるかどうかを尋ねた調査があります(全国の16歳以上の男女3、473人を対象にして個別面接の方式で行われた

もの）。

この結果によりますと、「お会計のほう、1万円になります」が「気になる63・5％」「気にならない30・1％」「どちらとも言えない6・2％」、また「千円からお預かりします」が「気になる55・0％」「気にならない38・2％」「どちらとも言えない6・3％」となっており、両表現とも「気になる」が半数を超えています。いかにもマニュアル的な言葉の使い方は、相手にかえって不快な思いをさせることにもなるので注意しなければなりません。

敬語は、相手や場に応じて臨機応変に使い分けるもの。マニュアルから一歩踏み出して、自分の言葉として敬語を使えるようにしましょう。

まずは、自分の周りにいる先輩方が、どのように敬語を使いこなしているか、よく観察してみましょう。

参考資料：平成25年度「国語に関する世論調査」の結果の概要（文化庁）
http://www.bunka.go.jp/tokei_hakusho_shuppan/tokeichosa/kokugo_yoronchosa/pdf/h25_chosa_kekka.pdf

第2章

家庭編

来客に歓迎の気持ちを伝えるとき①

× わざわざ来ていただいて、ありがとうございます。

○ わざわざお越しくださいまして、ありがとうございます。

「来ていただいて」と言うのは、歓迎の気持ちがやや薄く感じられます。この場合は、「来る」の尊敬語「お越しになる」や「おいでになる」を使って、「遠いところ、わざわざお越しくださいまして（おいでくださいまして）、ありがとうございます」と言いましょう。

やや硬い印象ですが、「わざわざご足労いただき、ありがとうございます」というのも、心がこもった歓迎の言葉です。

来客に歓迎の気持ちを伝えるとき②

× 多忙でしょうに、よく来てくれました。

○ お忙しいところ、ようこそおいでくださいました。

「多忙」は、尊敬語にして「ご多忙」とするべきですが、話し言葉では「お忙しいところ」の方が自然です。手紙など書き言葉の場合は、「ご多忙だとは存じますが」「ご多忙のところ」「ご多忙中」とよく使います。

「よく来てくれました」も目上に対してはぞんざいです。「おいでになる」「お越しになる」「いらっしゃる」といった尊敬語を使いましょう。「ようこそお越しくださいました」「ようこそいらっしゃいました」もＯＫです。

来客を自宅へ招き入れるとき①

× 上がってください。

○ どうぞ、お上がりください。

玄関で来客を迎えるとき、「上がってください」では、ぶっきらぼう過ぎます。「どうぞ、お上がりください」と丁寧に言いましょう。「ようこそいらっしゃいました」などと先に付け加えれば、さらに歓迎の気持ちを表せます。

来客を自宅へ招き入れるとき②

× 汚いところですが、どうぞお上がりください。

○ 取り散らかしておりますが、どうぞお上がりください。

謙遜の気持ちを表したい場合でも、「汚いところですが」は直接的過ぎます。「取り散らかしておりますが…」「むさ苦しいところですが…」などが敬語の定番の言い方です。

立派な家で、掃除が行き届いている場合でも、迎える側は謙遜して型通りに言っているだけですので、訪問する側は「きれいな家なのに嫌味だ」などと受け止めず、「いいお住まいですね」などとサラッと言葉を返したいものです。

突然の来客を断るとき

× 急にお越しいただいても困ります。

○ せっかくお越しいただいたのに、申し訳ありません。あいにく出かける用事がございまして…。

外出する用事があるのに突然の来客。慌てて「困ります」などと言いそうになりますが、そういうときこそ落ち着いて応対したいものです。

「せっかく」「あいにく」というクッション言葉をうまく使い、申し訳ないのだが…という気持ちを伝えましょう。「〇時に外出しなければならないのですが、それまでお上がりになりませんか?」と時間を伝えるのもよいでしょう。

娘の同級生に挨拶するとき

× こんにちは。

○ 娘がいつもお世話になっております。

高校生の娘の同級生が初めて家に遊びに来ました。娘が「お母さん、こちらは同じクラスの吉田さん」と紹介します。そこで、「こんにちは」だけでは、いくら相手が高校生でも失礼です。「娘が(〇子が)いつもお世話になっております」と言いましょう。

また、同級生の母親に会い、「娘がいつもお世話になっております」と挨拶をされたときは「いいえ、こちらこそ」と応答するのがマナーです。

来客にお茶の希望を尋ねるとき

× コーヒーと紅茶、どちらにいたしますか？

○ コーヒーと紅茶がございますが…。

「いたす」は「する」の謙譲語です。動作の主は来客ですので、「いたしますか？」では歓迎ムードもぶちこわしです。

「どちらになさいますか？」「どちらがよろしいですか？」ならＯＫですが、問い詰める感じのない「コーヒーと紅茶がございますが…」がより丁寧です。

来客にお茶を出すとき

× お茶でございます。

○ どうぞお上がりください。

来客にお茶を出すときに「お茶でございます」「コーヒーでございます」は、堅苦しい印象があります。

「粗茶ですが」という昔ながらのへりくだった言葉もありますが、最近ではあまり聞かれません。「どうぞお上がりください」が使いやすい言葉です。

来客から手土産を受け取るとき

× すみません。

〇 ありがとうございます。これはご丁寧に。

感謝をする場面で、つい「すみません」と言ってしまう人は多いですが、「すみません」は、迷惑をかけたことをわびる言葉です。

来客からの手土産を受け取るときは、「ありがとうございます。これはご丁寧に」というのがいいでしょう。「家族みんなの大好物なんです」などと続ければ、より感謝の気持ちが相手に伝わるでしょう。

来客からの手土産をお茶受けとして出すとき

× もらいものですが、早速…。

〇 いただきものですが、早速…。

来客の手土産が生菓子や果物などの場合、一緒に食べるつもりで買ってきたかもしれません。その気持ちを汲んで、お茶受けとして出すのがいいでしょう。

その際、「どうぞ」とだけ言って出すのは、持ってきた方が拍子抜けします。「いただきものですが、早速…」「おもたせで失礼ですが、早速…」などと言う言葉を添えて出しましょう。この場合に「もらいもの」という言い方は敬意がありません。

来客に食事を勧めるとき

× さあ、たくさんいただいてください。
○ さあ、たくさん召し上がってください。

「いただく」は「食べる」「飲む」などの謙譲語です。食べ物に対する畏敬の念と取れないこともありませんが、訪問客に対しては不適切です。

「食べる」の尊敬語「召し上がる」を使い、「召し上がってください」と言いましょう。

答える方は「では、遠慮なくいただきます」などとへりくだって答えます。

来客に料理の食べ方をアドバイスするとき

× おいしくいただけますよ。
○ おいしく召し上がれますよ。

「ちょっとお塩を振ると、おいしくいただけますよ」などというアドバイスをよく耳にしますが、「いただく」は「食べる」の謙譲語です。

食べるのは来客なので、「食べる」の尊敬語「召し上がる」を使い「召し上がれますよ」と言いましょう。

来客にこの料理は姑が教えてくれたと言うとき

× この料理は、姑が教えてくださったんですよ。

○ この料理は、主人の母が教えてくれたんですよ。

「姑、舅」「義理の母（父）」は、きつい響きがありますので、姑を指す言葉は「主人（夫）の母」、舅は「主人（夫）の父」と言いましょう。

姑は自分の身内なので尊敬語の「くださる」は使わず、「教えてくれた」とすっきり言いましょう。

自分の子どもに来客と一緒に食事をするよう促すとき

× お前たちもお客様と一緒にここで召し上がりなさい。

○ お前たちもお客様と一緒にここでいただきなさい。

「召し上がりなさい」は「食べる」の尊敬語「召し上がる」の命令形です。来客との食事に同席している自分の子どもに対して、たとえ命令形であっても尊敬語を使っては、訪問客に対するもてなしの心が台なしになります。

「食べる」の謙譲語「いただく」を「いただきなさい」と命令形にして使いましょう。

来客に出身地を尋ねるとき

× どこで生まれたんですか？
○ お生まれはどちらでいらっしゃいますか？

来客に「どこで生まれたんですか？」と尋ねるのはぞんざい過ぎます。「どこ」は「どちら」にし、「どちらのお生まれ（ご出身）ですか？」、または「お生まれ（ご出身）はどちらでいらっしゃいますか？」などと聞けば丁寧です。

来客の妹のことを尋ねるとき

× 妹は今どうしてるんですか？
○ 妹さんは今どうなさっているのですか？

相手の家族のことを聞くときには敬称で呼びましょう。祖父母は「お祖父様、お祖母様」、親は「お父様、お母様、親御さん、ご両親（様）」、兄・姉は「お兄様、お姉様」。相手との関係によっては、「様」を「さん」にしてもよいでしょう。弟・妹は「弟様、妹様」より「弟さん、妹さん」、子どもは「お子様（さん）、息子さん、娘さん」が自然です。

また「どうしてるんですか」では敬意がありません。相手より年下の妹ではあっても、相手の身内に対しては尊敬語を使い、「する」を「なさる」に言い換えましょう。

来客にコートの着用を勧めるとき

× こちらでコートを着られてください。
○ こちらでコートをお召しください。

家を訪問する場合、外でコートを脱いでから玄関に入り、玄関を出てからコートを着るのが正式なマナーです。しかし来客を見送るときには、「外は寒いので、こちらで…」と勧めるのもマナーでしょう。この場合「こちらでコートを着られてください」は不自然です。文法的に言えば、「着る」に尊敬の助動詞「れる・られる」を付けた尊敬語を使っているので間違いではありませんが、「着る」には「お召しになる」という言い換えの尊敬語があるので、それを使って「お召しになってください」と言うのがスマートです。

来客に再来訪を促すとき

× ぜひまた寄ってください。
○ ぜひまたお立ち寄りください。

来客に対し、ぜひまた寄ってほしい気持ちを伝えるとき、「寄ってください」や「来てください」よりも、「お立ち寄りください」や「お越しください」の方が、より改まった言い方です。

来客を見送るとき

× さようなら。

○ どうぞお気を付けて…。

来客を見送るときの最後の言葉は「どうぞお気を付けて…」が一般的です。見送りは、親しい人なら玄関まで、目上の人や改まった関係の場合は外まで見送りしましょう。

集合住宅の場合はエレベーターが閉まるまで、車の場合は走り去るまで見送るのがマナーです。

来訪者から家族への伝言を受けるとき

× はい、そのように言っておきます。

○ はい、そのように申し伝えておきます。

夫の職場の部下が、仕事関係の書類を届けに来たのですが、夫はあいにく留守だったので、伝言を頼まれました。普段は言葉遣いに気を付けている人でも、玄関先だったりすると、つい「言っておきます」などとぞんざいになりがちです。ここは「申し伝えておきます」と丁寧に返事をしましょう。

この場合の謙譲語「申す」は、話をしている相手である来訪者を立てています。身内を立ててはいませんので、問題なく使える敬語です。

訪問したが玄関先だけで帰るとき

× ここで結構です。

○ すぐに失礼いたしますので。

すぐに済む用事で訪問したとき、上がるように言われて、「いいえ、ここで結構です」と言うと、好意を拒絶するような響きがあります。

「ありがとうございます。すぐに失礼いたしますので」と言えば、角が立ちません。

訪問先で手土産を渡すとき

× これ…。

○ ほんの心ばかりですが…。

かつては、ものを贈るときには「つまらないものですが…」が定番でした。「つまらないもの」は謙遜した言葉ですが、最近は、言葉通り「つまらないものをくれるのか」と受け止める人もいるということが広まり、言いづらくなってしまいました。

かといって「これ…」だけではいかにも幼稚です。「ほんの心ばかりですが、青森のリンゴです」「私の好きな○○（店名）のお菓子なのですが、お口に合いますかどうか」「手作りの味噌です。お口に合えばよろしいのですが」などと具体的に品名を言うのがよいでしょう。

お茶の希望を聞かれて答えるとき①

✕ 何でも結構です。
○ コーヒーをいただきます。

訪問先で、「コーヒーと紅茶がございますが、どちらがよろしいですか」と希望を聞かれた場合、「何でも結構です」「どちらでも結構です」などと答えるのは相手を困らせるのでマナー違反です。「○○をいただきます」ときちんと希望を答えましょう。

お茶の希望を聞かれて答えるとき②

✕ 紅茶でいいです。
○ 紅茶をいただきます。

お茶の希望を聞かれ、答えるときに「〜で」というのは大変失礼です。本当は不満だが、妥協して選んだように聞こえるからです。必ず「〜を」と言いましょう。

これはお茶の話に限りません。「今日はごちそうするから、何でも好きなものを注文してね」と言われ、「おすすめ定食でいいです」などと答えるのは失礼です。「〜で」を「〜を」にして、「おすすめ定食をいただきます」「おすすめ定食をお願いします」と言えば、印象が全く違います。

趣味について話すとき

×　陶芸にお凝りになっているのですね。

○　陶芸に凝っていらっしゃるのですね。

動詞を「お〜になる」の形に当てはめれば尊敬語になりますが、「お凝りになる」は不自然です。「〜していらっしゃる」の形に当てはめ「凝っていらっしゃる」と言いましょう。

なお、「お宅のお庭は、凝っていらっしゃるつくりですね」とは言いません。主語である「庭」に尊敬語を使うことになってしまうからです。「お宅のお庭は、凝ったつくりですね」で十分ですが、もっと相手を立てたい場合は、「凝ったつくりのお庭になさっているんですね」というように相手を主語にすればOKです。

訪問先でトイレを借りたいとき

×　トイレはどこですか？

○　恐れ入りますが、お手洗いを拝借してもよろしいでしょうか？

訪問先では（お）トイレ・（お）便所・化粧室ではなく「お手洗い」と言い、「拝借してもよろしいでしょうか」「お借りしてもよろしいでしょうか」と丁寧に聞きましょう。

訪問先でなく、コンビニエンスストアや飲食店などでトイレを借りたいときに、「トイレどこ？」などと横柄な聞き方をする人がいますが、コンビニエンスストアの場合は「すみません。お手洗いをお借りしたいのですが」、飲食店の場合は「お手洗いの場所はどちらでしょうか」という程度の丁寧さはほしいものです。

訪問先でタバコを吸いたいとき

× タバコ、いいですか？

○ タバコを吸ってもよろしいでしょうか？

最近は禁煙の家庭が増えているので、テーブルに灰皿が用意してなければ、禁煙のサインだと思って遠慮した方が無難です。

テーブルに灰皿が置いてあって、相手が吸っている場合でも、「～してもよろしいでしょうか？」とひとこと断ってから火をつけるのがマナーです。また、携帯用灰皿を持参しているから、ベランダや台所の換気扇の下ならいいだろうなどと勝手に自己判断して、いきなり行動に出るのも慎みたいものです。何事につけ、訪問先では許可を得てから行いましょう。

訪問先でごちそうになってすぐ帰るとき

× 食い逃げみたいで気が引けますが、そろそろ帰ります。

○ いただきだちで失礼ですが、そろそろおいとまさせていただきます。

よその家でごちそうになって、後片付けも手伝わず、すぐに帰らなければならないとき「そろそろ帰ります」では、ぶっきらぼうで失礼です。「おいとまする」という言葉を使って言いましょう。また、「食い逃げ」というのも乱暴です。

こういうときには「いただきだち（戴き立ち）」というきれいな日本語があります。「だち」とは出発・退去のこと。「いただきだちで失礼ですが」「いただきだちですみませんが」などと使います。

仕事を聞かれたとき

× 公務員です。

○ ○○市役所広報課で、広報誌を作っております。

交際相手の彼女（彼）の家を訪問したら、相手の父親から「仕事は何をやっているの？」などと聞かれることがあるでしょう。緊張しているとはいえ、「公務員です」「建築関係です」などといった簡単過ぎる答えでは、会話が続かなくなってしまいます。

目上の人には、細かい質問を次々としなくてもいいように、「○○建設で、マンションの設計を担当しております」などと、あらかじめ具体的に説明するのが礼儀です。入社試験の面接などでも気を付けたいポイントです。

親の仕事を聞かれたとき

× 父親は高校の先生、母親は無職です。

○ 父は○○高校の数学の教師をしております。母は特に仕事をしておりません。

前項と同じく、交際相手の家を訪問した場面です。

目上の人と話すときには「父親・母親」という表現はせず、「父・母」と言います。「親は北海道に住んでおります」などというような「親は…」という言い方もしません。「両親は…」「母は…」と言いましょう。

また「先生」というのは敬称です。身内のことをいう場合は「教師」と言いましょう。「無職」や「専業主婦」といった硬い言い方も、この場合にはふさわしくありません。

相手に写真を見せようとするとき

× お目に入れたい写真がありまして
○ お目にかけたい写真がありまして

「見せたい写真がある」を丁寧に言うときは、「お見せしたい」「お目にかけたい」「ご覧に入れたい」などと言います。

「目に入れても痛くない」という慣用句はありますが、「お目に入れたい」という言葉はありません。「お目にかけたい」と「ご覧に入れたい」を混同した間違いでしょう。

「休日は何をされていますか?」と聞かれたとき

× お買い物にお出かけすることが多いですね。
○ 買い物に出かけることが多いですね。

美化語「お(ご)」は、自分の動作や自分のものについては付けない方がスマートです。ただし、自分の動作であっても、相手に直接関わる「お手紙を(ご連絡を)差し上げます」などの場合は付けた方が丁寧でしょう。

また「お(ご)〜する」は謙譲語の型ですが、これも相手に直接関わる「駅でお待ちします」「今からご説明します」などの場合であれば全く問題がありません。文例の「出かける」など、相手に無関係な動作の場合は、謙譲語にする必要はありません。

植木の水やりなどについて、子どもに声をかけるとき

× 今日はもう植木に水を上げた？

○ 今日はもう植木に水をやった？

「植木に水を上げる」と言う人は特に若い世代で多くなっています。しかし、本来ならモノに対しては謙譲語「上げる」を使いません。「上げる」は目下から目上へ「差し上げる」ことです。生け花に「水揚げ」という言葉がありますが、水の吸収をよくすることで、水をやることとは違います。

仏壇のお供え水について言う場合は、畏敬の念を持って「やる」でなく謙譲語「上げる」を使って「お水を上げてきてね」と言います。

―

子どもが母親に問いかけるとき

× お母さん、話が違くない？

○ お母さん、話が違うんじゃない？

「違う」は動詞ですから、「違わない」「違った」と活用します。それを「違くない」「違かった」などと活用する言い方が、若い人を中心に増えています。

これは形容詞の活用と取り違えた結果の誤りだと考えられます。形容詞「白い」だと「白くない」「白かった」、「悪い」だと「悪くない」「悪かった」と活用します。ふざけてわざと使っている場合もあるでしょうが、間違いだということだけは押さえておきましょう。

母親が家庭教師に頼むとき

× 国語も見て上げてほしいのですが。
○ 国語も見てやっていただきたいのですが。

母親より年下の家庭教師でも「先生」です。いくら子どもがかわいくても、「見て上げて」では、子どもにへりくだることを先生に求めているようなものです。

「上げる」は本来、謙譲語です。丁寧に言ったつもりでも、子どもやペットに「上げる」を使うことを不快に感じる人は多いので、気を付けたいものです。

家庭教師が母親に答えるとき

× 算数を見てやればよろしいんですね？
○ 算数を見て上げればよろしいのですね？

いくら相手が子どもでも、今話している相手に属する子どもです。「見てやれば」では、母親の感情を害する恐れがあります。「見て上げれば」とへりくだるか、「見ればよろしいのですね」と、尊敬・謙譲どちらでもない中立の表現「見る」を使いましょう。中立の表現を使っても「よろしいのですね」と丁寧語で終われば、敬意を表すことができます。

また「お宅の子」「子ども」などと呼び捨てにせず、「お子さん」「子どもさん」「息子さん」などと「さん」付けにしましょう。「お子様」では、逆にやり過ぎです。

届け物をする旨を電話するとき

× ご在宅する必要はありません。

○ ご在宅の必要はありません。

知人宅に「届け物をするが、小さい物なので郵便受けに入れておくから、わざわざ家にいる必要はない」と電話をするときの言葉遣いです。

「ご在宅する」は「ご～する」パターンの謙譲語なので、相手の動作には使えません。「ご在宅していただく必要はありません」でも不適切です。「いただく」をプラスしても「ご～する」で謙譲語のパターンに変わりないからです。尊敬語にして「ご在宅の必要はありません」「ご在宅なさる必要はありません」と言いましょう。

妻が夫の会社に電話するとき

× 主人がいたら、お願いします。

○ 主人がおりましたら、お願いしたいのですが。

夫は、家庭外の人に対しては、あくまで自分の身内です。会社の人に対しては「いる」の謙譲語「おる」を使いましょう。

「いつもお世話になっております。○○の家のものですがお忙しいところ申し訳ございません。主人がおりましたら、お願いしたいのですが」などと丁寧に言いましょう。

会社に電話して夫への伝言を頼むとき

× 伝えてもらいたいのですが。

○ お伝えいただきたいのですが。

不在の夫に電話で伝言を頼むときは、先方にそれだけ手間を取らせるわけですから、丁寧な言葉遣いが必要です。

「恐れ入りますが、……とお伝えいただきたいのですが」、または「お伝え願えませんでしょうか」のように、伝言をお願いするというへりくだった姿勢で言うことが大切です。

一人で来るのか、来訪の予定を聞くとき

× 明日は、お一人で来られますか？

○ 明日は、お一人でいらっしゃいますか？

「来る」を尊敬語にしようとして「れる・られる」を付けると「来られる」となり、可能（一人で来ることができますか？）の意味と取り違えられることがありますので、注意が必要です。

このような場合は、特定の語形による尊敬表現「いらっしゃる」を使い、「いらっしゃいますか？」と聞きましょう。

何時に来るのか、来訪の予定を聞くとき

× 何時に来ますか？

○ 何時頃、ご到着でしょうか？

来訪予定の人に来る時間を聞くとき「何時に来ますか？」は相手に対し全く敬意が表されておらず、ぶしつけな質問のしかたです。

まず、「何時」を「何時頃」とぼかして、「ご到着でしょうか？」と尊敬語を使って婉曲に質問します。

来訪者に道順の説明をするとき

× おわかりにくいかもしれませんが

○ おわかりになりにくいかもしれませんが

来訪者に道順の説明をしていて、「わかりにくいかもしれないが、道端に消火栓があるので、その角を右に曲がって…」という趣旨のことを敬語で言おうとするとき、「おわかりにくい」は間違いです。ただ「お」を付ければいいというものではありません。

「わかりにくい」は「わかる」＋「〜にくい」ですから、動詞の部分を尊敬語にして「おわかりになる」、それに「〜にくい」を付けて「おわかりになりにくい」と言うのが正しい敬語です。同様に「読みにくい」は「お読みにくい」ではなく「お読みになりにくい」です。

同僚の家に電話をし、在宅を尋ねるとき

× ご主人はお帰りになられましたか？

○ ご主人はお帰りになりましたか？

「お帰りになられましたか」は「帰る」を尊敬の形「お〜になる」に当てはめたうえ、助動詞「られる」を付けた「二重敬語」です。「お帰りになりましたか」で、敬意は十分です。

また、夜、家庭に電話したときは、「夜分に申し訳ありませんが」「遅い時間に失礼いたしました」などの言葉を添えましょう。

夫の同僚から電話がかかってきたが、本人は不在のため帰宅時間を告げるとき

× 6時頃に戻るって言ってましたけど。

○ 6時頃に戻ると申しておりました。

夫の同僚から電話がかかってきたら、まず、「いつも夫（主人）がお世話になっております」といった挨拶から始めましょう。

「言ってました」は「言う」の謙譲語「申す」にし、「申しておりました」とフォーマルな表現にしましょう。

電話の相手に少し待ってもらうとき

× ちょっと待ってください。

○ 少々お待ちください（ませ）。

電話がかかってきて、相手に待ってもらうときは「ちょっと」ではなく、丁寧な言葉「少々」を使いましょう。

「待ってくれる」を尊敬語にすると「お待ちくださる」となり、それをお願いの形にしたものが「お待ちください（ませ）」です。よりソフトに「お待ちいただけますか？」と言うのもよいでしょう。

謝罪するとき

× 心からおわびしたいと思います。

○ 心からおわびします。

相手の家に行って直接謝罪するにしろ、電話または謝罪の手紙を書くにしろ、「おわびしたいと思います（存じます）」と言う人は非常に多いですが、これではまだわびたことにならない、と受け止められる可能性があります。

なぜなら、「〜したいと思います」という言葉は「次の日曜日は映画に行きたいと思います」というように、未来のことを言う場合に使うからです。「おわびします」「おわび申し上げます」とスパッと言い切りましょう。

近所の人に電話して都合を聞くとき①

× 今、いいですか？

○ 今、お時間2、3分よろしいでしょうか？

町内会の用件などで近所の人に電話するときも、言葉遣いには気を付けましょう。名乗った後、「お忙しいところ（夜分に）失礼します」などと挨拶をします。その後もいきなり用件に入らず、「今、お時間2、3分よろしいでしょうか？」と都合を確認します。その場合に「今、いいですか？」ではぶっきらぼう過ぎて、敬意がありません。

電話に限らず、職場で上司に声をかけるとき、学校で先生に声をかけるときにも、まず「失礼します」次に「今、お時間○分ほどよろしいでしょうか？」と順序を踏みましょう。

近所の人に電話して都合を聞くとき②

× 都合はどうですか？

○ ご都合はいかがでしょうか？

これから町内会費を集金に行きたいが、都合はいいかと、近所の人に電話するとき、「都合はどうですか？」では丁寧さに欠けています。「都合」に「ご」を付け、「どう」を「いかが」にして、「いかがでしょうか？」または「いかがですか？」と言うのがいいでしょう。

職場の上司や取引先を食事に誘うときなどでも、「来週の金曜日ですが、都合はどうですか？」ではぞんざいな印象です。「ご都合はいかがでしょうか？」なら、礼儀にかなっています。

近所の目上の人に挨拶するとき

× こんにちは。
○ こんにちは、いいお天気ですね。

11時を回ると、「おはようございます」という挨拶は使いづらくなります。かといって「こんにちは」だけでは、何ともおさまりが悪く感じることがあります。「こんにちは」という挨拶は「今日は」と書いて、「今日は、よいお天気ですね」などの後半が省略されたもの。何となく幼稚で舌足らずに感じられるのももっともです。目上の人に対しては、「こんにちは、ごぶさたしております」「こんにちは、寒くなりましたね」などと、相手との関係や場面に合った言葉をひとこと添えることで、ぐっと丁寧な「大人の挨拶」になります。

かつてお世話になった目上の人に挨拶するとき

× お元気でしたか？
○ お変わりありませんか？

恩師や定年退職した職場の上司など、かつてお世話になった目上の人に街でばったり出会うことがあります。単に長く会わなかった人には「お久しぶりです」、こちらから連絡すべきなのに、連絡もせず、すみませんという非礼をわびる気持ちがある場合は「ごぶさたしております」と一礼するのがいいでしょう。

「お元気でしたか？」は直接的な問いかけなので、同等か目下への挨拶に適しています。目上の人には「お変わりありませんか？」が適しています。

近所の人に声をかけるとき①

× やせましたね。
○ やっと暖かくなってきましたね。

男女を問わず、やせようと頑張っている人がいます。そうした事情がよくわかっている親しい仲で「最近、やせたんじゃない？」などと言うのは励ましの言葉になるでしょうが、近所の浅い関係の人に「やせましたね」はいけません。中年以降の女性だと「老けたってこと？」「やつれてるってこと？」などと受け止めることがありますし、お年寄りの場合には「病気のせいだろうか」などと不安になってしまいます。「毎日寒いですね」「やっと暖かくなってきましたね」などと、季節に合わせた当たり障りのない挨拶をしましょう。

近所の人に声をかけるとき②

× あら、おめでた？
○ お元気（ですか）？

よほど親しくても「太ったんじゃない？」と言うのはやめた方が無難ですが、「おめでた？」などと聞くのは、違ったときにもっと失礼です。

太った、やせた、顔色が悪い、元気がないなどと肉体に関することはプライベートな領域です。大人同士では、先方が自分から言い始めた場合は別として、こちらからはそうした領域に踏み込まないような会話を心がけましょう。

顔色の悪い人に声をかけるとき

×顔色が悪いですよ。

○どうかしましたか？

具合の悪そうな人に親切心から声をかける場合でも、「悪い」と否定的な言葉を言うのは避けたいものです。相手をドキッとさせないための配慮です。「どうかしましたか？」「大丈夫ですか？」という言葉かけをしましょう。

近所の高齢者に声をかける場合なども「お年のわりに」などという年齢を意識した言葉は避け、「いつまでもお元気ですね」「いつまでもおきれいですね」などとサラッと言いましょう。

喪服姿の人に声をかけるとき

×誰か死んだんですか？

○どなたかにご不幸でも…？

喪服姿の知り合いにばったり会ってびっくりすることがあります。しかし、いくら慌てたにしても、「誰か死んだんですか？」はあまりにもぶしつけで無神経です。亡くなったのは知人の家族かもしれませんので、丁寧に接するに限ります。

「誰か」は「どなたか」に、「死んだんですか？」は「ご不幸でも…？」と言い換えます。失礼にならないよう、また「死」という直接的な言葉を使わない言葉遣いになるよう、十分に気を付けたいものです。

道行く人を呼び止めるとき

× おばさん、おばさん。
○ すみません。

忘れ物や落とし物を教えて上げたり、道を尋ねたいときなど、見ず知らずの人に声をかけなければならないとき、「おばあさん」「おじいさん」「おばさん」「おじさん」「奥さん」「その彼女」などと呼びかけるのはやめましょう。

お店の場合ならすべて「お客様」でＯＫですが、そうでない場合には、「すみません」などと声をかけて、相手がこちらを振り向いてから「落とし物ですよ」などと用件を言うのが無難でしょう。もし名前がわかる場合は、「○○さん」と名前で呼びかけましょう。

行きつけの店で隣人の川村さんにばったり会ったとき

× 川村さんも、この店をよくご利用されるんですか？
○ 川村さんも、この店をよくご利用になるんですか？

「ご利用される」は、「ご利用する」に尊敬の助動詞をプラスした形と見た場合、「ご～する」は「ご連絡する」などと同様に、相手に対して行う動作を謙譲語にするパターンですので、相手の行為には使えません。尊敬の助動詞をプラスしても間違いです。尊敬語「ご利用」に「する」の尊敬語「される」をプラスしたものと見れば、「二重敬語」になります。

「利用される・利用なさる・ご利用になる・ご利用なさる」が適切な敬語です。

相手の妻のことを聞くとき

× 細君は元気かい?

○ 奥さんは元気かい?

「細君」とは、もともと自分の妻のことをへりくだっていう言葉でした。「細」は「小」に通じ、つまらないという意味で、自分の妻を「愚妻」などというのと同じです。「妻君」と書く場合もありますが、これは当て字です。現代の辞書には「他人の妻を指す語。主に同輩以下の場合に使う」などとありますが、「彼の細君は元気だろうか」などと噂話をする場合ならともかく、面と向かって相手の妻のことを「細君」と呼ぶのは不適当です。「奥さん」に抵抗がある場合は、名前で「明子さんは元気かい?」などと聞くのがよいでしょう。

ペットの猫について聞くとき

× 猫は何匹いらっしゃるの?

○ 猫を何匹飼っていらっしゃるの?

ペットには敬語を使わないのが原則です。「何匹いらっしゃるの?」では、猫に対して尊敬語を使っていることになります。「飼う」は相手(人)の行為なので、「いらっしゃる」を付けて敬語にすることができます。

ペットが芸をすることに対しても「ペットが芸をなさる」とは言いません。飼い主に敬意を払うつもりであっても、ペットに「する」の尊敬語「なさる」は使わず「お宅のペットは芸をするのね」と言いましょう。

共通の知人のことを話すとき

× あの方は何でもできられる。
○ あの方は何でもおできになる。

「できる」を尊敬語にする場合は、尊敬の助動詞「られる」を付けず、「お～になる」の形にします。

より丁寧に言うつもりで「おできになられる」とすると、「なられる」というもう一つの尊敬語表現も使っている、いわゆる「二重敬語」になってしまうので注意しましょう。

大家さんについて話すとき

× 大家さんが私にご説明してくださいました。
○ 大家さんが私にご説明くださいました。

「ご説明してくださいました」を分解すると「ご説明する」＋「くださる」です。「ご～する」は謙譲語であり、「くださる」は相手を立てる尊敬語です。この例のような謙譲語に尊敬語をつなげた言葉は、そもそも成り立ちません。「ご～くださる」とすれば、尊敬語なので問題はありません。

同様の理由で、大家さんが私の家に来てくれたと言うときに「大家さんが伺ってくださいました」「大家さんに伺っていただきました」と言うのも不適切です。

近所の人の子どもについて話すとき

× お宅にはしっかりしたお子さんがおりますね。

○ お宅にはしっかりしたお子さんがいらっしゃいますね。

「おります」には謙譲語と丁寧語の両面があります。自分の側のことを「わが家には子どもが三人おります」と言うのは問題ないのですが、相手に使うのはやめましょう。

また、「…おられます（ね）」という表現も、関西地方を中心によく聞かれます。この場合の「おる」は丁寧語ですが、「おる」を謙譲語と見て、謙譲語に尊敬の助動詞「られる」を付ける「おられる」に違和感を覚える人もいます。注意して使いたい言葉です。

近所の人の子どもにプレゼントをするとき

× お子さんに差し上げてください。

○ お子さんにお渡しください。

「差し上げてください」は「上げてください」よりさらに丁寧です。「差し上げる」のは相手の行為で、その対象は相手の子どもとはいえ年少…という場合、「お子さんに差し上げる」は聞く方に抵抗があります。「お渡しください」とすれば相手への尊敬語になります。

また、プレゼントする対象が相手の母親の場合、母親は相手より目上なので、「上げてください」より「差し上げてください」の方がより丁寧でしょう。

転居時、旧居で挨拶するとき

✕ 当日うるさいと思いますので

○ 当日は朝早くからお騒がせすることになるかと思いますが

転居時、旧居での挨拶は数日前から前々日くらいまでに、きちんと敬語を使って行い好印象を残しましょう。「立つ鳥、あとを濁さず」「終わりよければすべてよし」と言います。たとえば「○○号室の上野ですが、○日に引っ越すことになりました。長い間いろいろとお世話になりました。引っ越しの際は朝早くからお騒がせすることになるかと思いますが、どうぞよろしくお願いいたします」のように、今までのお礼と、当日の迷惑をあらかじめおわびするのがポイントです。

転居先で挨拶するとき

✕ 隣に引っ越してきた上野と言います。

○ お隣に引っ越して参りました上野と申します。

女性の一人暮らしの場合、セキュリティの観点からあえて引っ越し挨拶をしないという人も都市では増えていますが、家族で引っ越した場合には、挨拶は欠かせません。一戸建ての場合は昔から「向こう（向かい）三軒両隣」と言いますし、集合住宅の場合は上下・両隣と管理人（大家）、社宅の場合はできるだけ全軒というのが一般的です。

挨拶の言葉は、ぶっきらぼうにならないよう、丁寧に、「参りました」「申します」などと謙譲語を使いましょう。第一印象が大切です。

転居先での挨拶時、子どもがいることを言うとき

×これからお世話になりますが、よろしくお願いいたします。

○小さな子どもがおりますので、騒がしいこともあるかと思いますが、どうぞよろしくお願いいたします。

小さな子どもがいると、泣いたり騒いだりして、何かと迷惑をかけてしまうことが予想されます。特に集合住宅では、夜中に子どもがバタバタ走り回るということをすれば、トラブルの元になりかねません。あとでお互いに嫌な思いをしないためにも、子どもがいる旨を必ず伝えましょう。

犬や猫がいる場合も、先に知らせておく方がよいでしょう。

引っ越し挨拶の品を渡すとき

×これ、どうぞ。

○ほんのお近づきのしるしです。

引っ越しの挨拶に行くときには、タオルやクッキーなど、あまり高価過ぎない消耗品を持参するのが一般的です。このときに「これ、どうぞ」だけでは言葉が足りません。「ほんのお近づきのしるしです。どうぞお納めください」と言うのがいいでしょう。相手は「ご丁寧にありがとうございます」と受け取ってくれることもありますが、「こんなことしてくださらなくてもよかったのに…」と遠慮する場合もあります。そのときは「ほんの心ばかりの品ですので、お納めください」と言えば、たいていは受け取ってくれるものです。

話題にのぼった人を前から知っていると言うとき

× 加藤さんなら、前からご存じでした。

○ 加藤さんなら、前から存じ上げておりました。

話題にのぼった人を私は以前から「知っている」ということを伝えたいケースです。「ご存じ」は「知る」の尊敬語で、「存じ上げる」は謙譲語です。とても紛らわしく、間違いやすいので、要注意の敬語です。

否定の場合は「存じ上げていない（いません、おりません）」とともに、「存じ上げない」「存じ上げません」とも使われます。

帰省先で近所の人に母のことを話すとき

× 母に声をかけてやってください。

○ 母に声をかけていただけるとありがたいです。

故郷で一人暮らす年老いた母を訪問した息子が帰り際、近所の人に「いつも母がお世話になっております。時々で結構ですので、母に声をかけてやってください」。この言い方では眉をひそめられる可能性があります。「～してやる」は目上が目下に対して使う言葉だからです。家族のことなので謙遜したつもりでしょうが、親を目下扱いする不遜な息子だと受け取られかねません。「～していただけるとありがたいです（助かります）」などとあくまでも低姿勢でお願いしましょう。

相手に協力を頼むとき

× お力になってください。

○ お力添えをお願いいたします。

「お力になる」というのは、「お力になりたい」「お力になれず、申し訳ない」などと自分の方から謙遜して言う言葉です。

協力を頼みたいときは「お力添えをお願いします」や「お力をお貸しください」など。「あなた様のお力添えのおかげで…」とも言います。

相手の持ち物をどこで買ったのかと聞くとき

× どこでお求めしたのですか？

○ どちらでお求めになったのですか？

敬語では、「どこ」は「どちら」、「誰」は「どなた」、「どう」は「いかが」などと言い換えます。

また、「お～する」は謙譲表現ですので、買った人（話し相手）を低め、店を高めていることになってしまいます。尊敬表現の「お～になる」に当てはめ、「お求めになる」という尊敬語で言いましょう。

車があるかどうか聞くとき

× 車はございますか？
○ お車はお持ちですか？

「ございます」は「ある」を丁寧に言った言葉で、謙譲の意味合いがあります。「私どもには車がございます」と言うのならOKですが、相手に対して「ございますか？」と聞くのは違和感があります。また「車」は「お車」とし、「お車はお持ちですか？」「お車はおありですか？」などと聞きましょう。

立ち入ったことを聞く場合は、最初に「失礼ですが」などの「クッション言葉」を付けると、会話がスムーズに運びます。

飲食店で精算するとき

× おあいそお願いします。
○ お勘定お願いします。

寿司屋や居酒屋などに入り、切り上げて帰るというときに、「おあいそ」とか「おあいそお願いします」と言う人がいます。「おあいそ」が勘定を意味するのは、昔お店で「お愛想がなくてすみませんが…」などと言いながら、お客に勘定書きを示したことに端を発していると言われています。したがって、「おあいそ」はお店側の言葉であり、お客が使う言葉ではありません。「おあいそ」は避けて、「お勘定お願いします」「お会計お願いします」などと言った方がいいでしょう。

喫煙を注意するとき

× やめてください！

○ あちらでお願いできますか？

レストランや駅、病院、学校などの禁煙の場所でタバコを吸っている人に、ここで吸うのはやめてほしいという場合、「やめてください！」「吸わないでください！」などときつい調子で注意するのは考えものです。吸っている本人が禁煙の場所だと気付いていない場合もないとは言えません。決め付けられるような言い方をされると、カチンと来てトラブルに発展してしまう可能性もあります。「あちらでお願いできませんか？」と丁寧に言うか、事務的に「ここは禁煙ですよ」と知らせる方がスムーズに事が運ぶでしょう。

庭の花について話すとき

× 今年はたくさん咲いてくれました。

○ 今年はたくさん咲きました。

丹精込めて育てた花をほめられるのはうれしいものです。また、園芸愛好家の中では植物に愛情を込めて話しかけるとよく育つという説もあります。しかし、近所の人に「きれいなバラですね」などと軽く声をかけられ、「ええ、今年はたくさん咲いてくれました」「きれいに咲いてくれました」などと答えるのはいかがなものでしょうか。花を擬人化し、自分の愛情に答えて咲いたのだという気持ちを込めて「咲いてくれた」と言うのは、耳障りに感じる人もいます。ただし園芸愛好家同士ならＯＫということもあるでしょう。

町内会の役員に来てほしいとお願いするとき

× こっちに来てくれませんか?

○ こちらにご足労願えますか?

町内会の役員から町内会費集金の件で電話がきました。あいにく都合が悪くて先方に出向くことができません。そこで、自分の家に会費を取りに来てほしいと言う場合に、「こっちに来てくれませんか?」ではあまりにも失礼です。

「あいにく今、家を空けることができないもので」と理由を言い、「こっち」は「こちら」、「来てくれますか?」は「ご足労願えますか?」「おいで願えますか?」「お越しいただけますか?」などと申し訳ないという気持ちが伝わる言い方をしましょう。

頼みごとを断るとき

× そう言われましても…。

○ おっしゃることはよくわかります。ですが…。

顔なじみの近所の人に、とても引き受けられない頼みごとや要求をされて断るとき、「そう言われましても…」と切り返すと、相手は否定された、拒絶されたと思うでしょう。こういうときは「おっしゃることはよくわかります」などと、まずは相手の言うことを「なるほど、それはごもっともですね」「おっしゃることはわかりました」などと受け止め、次に「ですが」「しかし」と言って、こちらの事情を説明すれば、相手は感情を害さないものです。接客の場などでも応用できるでしょう。

ペットについて話すとき

× 金魚に餌を上げるのが楽しみでね。

○ 金魚に餌をやるのが楽しみでね。

最近は、丁寧の意味合いでペットに「餌を上げる」と言う人が多くなっています。しかし「上げる」はもともとは謙譲語です。自分を低め、金魚を高めてしまいます。不快に思う人も多いので、気を付けたいポイントです。

また、ペットの死について言うときも「うちの猫が亡くなって…」ではなく、「うちの猫が死んで…」と言いましょう。「亡くなる」は「死ぬ」の婉曲表現で、人間にしか使いません。ペットは家族同然という場合でも、外部の人との会話では気を付けましょう。

「お子さん、優秀だそうで」とほめられたとき

× とんでもありません。

○ とんでもない。そんなことはありません。

本来、「とんでもない」はひとまとまりの形容詞です。「はしたない」が「はしたありません」と活用しないように、「とんでもありません（ございません）」とは活用しない言葉です。

近年は、「とんでもありません」を「とんでもない」の丁寧な言い方として認める傾向にありますが、本来の用法を知っておきましょう。

「とんでもないことです」「とんでもないことでございます」でもＯＫです。

「どちらにお勤めですか?」と聞かれたとき

× 南北銀行にお勤めしています。

○ 南北銀行に勤めております。

「お～する」が謙譲語になるのは、「お知らせする」「お届けする」「お伺いする」のように、自分の行為が相手に関わる場合だけです。「勤める」は相手に無関係な行為なので、「お勤めする」は謙譲語になりません。

「勤めています」の「いる」を謙譲表現の「おる」とし「勤めております」と、相手に敬意を表し答えましょう。

「お出かけですか?」と聞かれたとき①

× これから実家に伺います。

○ これから実家に参ります。

「伺います」「参ります」ともに「行きます」の謙譲語ですが、働きが違っています。

「実家に伺います」は、「伺います」という謙譲語で身内である実家に対してへりくだっています。このため、会話の相手を低めてしまうので、敬語としては間違いです。

「実家に参ります」の「参ります」も謙譲語ですが、自分の行為を会話の相手に対して丁重に述べることで、相手を高める働きのある言葉です。

「これから実家に行きます」でも、語尾が丁寧なので、相手に失礼ではありません。

「お出かけですか？」と聞かれたとき②

× 犬のお散歩にお出かけしてきます。
○ 犬の散歩に行ってきます。

「お散歩」では、犬に敬語を使っているように聞こえます。「お出かけしてきます」は謙譲語「お〜する」の型ですが、相手に関係のない行為の場合、謙譲語にはなりません。

「行ってきます」で問題ありません。

「お持ち帰りですか？」と聞かれたとき

× はい、お持ち帰りです。
○ はい、持ち帰ります。

お店で買った食料品などを「お持ち帰りですか？」などと敬語で聞かれると、ついそのまま「はい、お持ち帰りです」と返事をしてしまうことがあります。自分の動作なのですから尊敬語にせず、「持ち帰ります」と言います。

また、「お届けしますか？」には「お届けしてください」ではなく「届けてください」、「お包みしますか？」には「お包みしてください」ではなく「包んでください」、「お待ちになりますか？」には「お待ちになります」ではなく「待ちます」と言い換えましょう。

旅先で宿に着いたとき

×こんにちは。

○お世話になります。

お金を払っているお客だからという傲慢な態度では、旅先で気持ちよく過ごすことはできません。「いらっしゃいませ」と迎えられたら、「お世話になります」と大人の挨拶をしましょう。「こんにちは」では幼稚です。

出発するときは「さようなら」ではなく「お世話になりました。ありがとうございました」と感謝の言葉を。あとで忘れ物を送ってもらうといったことがあるかもしれません。

ネットワークビジネスの勧誘を断るとき

×やったことがないから自信がないわ。

○せっかくだけど、私はやりません。

友人にネットワークビジネスなどに誘われて断りたいが、絶縁はしたくない、という場合は悩みますね。理由を言わずに、しかもはっきり断るのがベスト。「自信がない」と言うと「初めはみんなそう」などと、そこが糸口になってしまいます。

うまく断れない場合は、メールや手紙を出すのもよいでしょう。その場合は「せっかくですが、○○の件は辞退いたします。今後一切このようなお誘いはご遠慮いただきたくお願い申し上げます。○○以外で今後ともよろしくお願いします」といった丁寧な文面にします。敬語を使うことで、心理的距離感を表現することができます。

先生に「それは誰が言ったの?」と聞かれたとき

× お父さんがおっしゃいました。
○ 父が申しました。

「誰が言ったの?」と先生に聞かれたときの答え方です。

先生や近所の人など家庭外の人に身内である父母のことを言う場合、「お父さん、お母さん」ではなく「父、母」と言います。

また、身内の動作には尊敬語「おっしゃる」ではなく、謙譲語「申す」を使ってへりくだります。

先生に「これは誰にもらったの?」と聞かれたとき

× 父からいただいたものです。
○ 父からもらったものです。

先生に話す場合、父は身内です。身内の場合、自分から見て目上であっても、父に対する「もらう」の謙譲語「いただく」は使いません。

「もらったものです」「もらいました」とすっきりと答えましょう。

先生に意見を聞かれたとき

× わたし的には、それはちょっとビミョーだと思います。

○ 私は、その方法では時間がかかり過ぎると思います。

普段、仲間うちで使っている「わたし的」「ビミョー」などの若者言葉が、大学のゼミの場などでうっかり出ないように気を付けましょう。「〜と思います」と語尾を丁寧にしているからいいというものではありません。場に即した言葉遣いをするよう心がけましょう。また、いいと思う場合も、よくないと思う場合も、なるべく具体的な理由を挙げて答えるように心がけましょう。

先生に「ダメだと思わなかったのか？」と聞かれたとき

× 思わなかったです。

○ 思いませんでした。

先生に「これじゃダメだと思わなかったのか？」などと聞かれ「思わなかったです」、「このことを知らないのか？」と聞かれ「知らないです」、「何か考えはないのかね？」と聞かれ「ないです」。このように動詞や形容詞に「です」を付ける表現は、世の中にかなり許容されてきているとはいえ、どうにも幼稚な印象を与えてしまいます。これを、「思いませんでした」「知りません（存じません）」「ありません（ございません）」と言い換えると、格段に大人っぽくなり、就職の面接などフォーマルな場で役に立つでしょう。

担任の先生のことを校長先生に伝えるとき

✕ 校長先生、中村先生はこう申しておりました。

◯ 校長先生、中村先生はこうおっしゃっていました。

生徒が、担任の中村先生の言ったことを、校長先生などほかの先生に伝えるとき、自分より目上の中村先生に敬意を表す必要があります。この場合の上下関係は、校長先生――中村先生――生徒である自分です。中村先生の動作を「申しておりました」と謙譲表現にするのは、中村先生に対して失礼ですので、「おっしゃっていました」と尊敬語にします。これによって校長先生を見下すことにはなりません。

先生に手紙を出して返事をもらったことを、別の先生に知らせるとき

✕ 田村先生に手紙を出しましたら、返事をもらいまして…。

◯ 田村先生にお手紙を差し上げましたところ、ご返信をいただきまして…。

手紙の差し出し先である田村先生は、今話している相手ではありませんが、自分から見たら目上であり、なおかつ身内でもありませんので、きちんと敬語を使うべきです。そうでないと非常に乱暴な物言いに聞こえます。

自分で書いた「手紙」に「お」を付けるのは抵抗があるかもしれませんが、相手に直接関わるものなので「お」を付けます。

先生へ話しかけるとき

× 先生は来週から学会へ行くんですよね?
○ 先生は来週から学会へいらっしゃるんですよね?

「行く」ではなく、「いらっしゃる」と尊敬語を使うことで、先生へ敬意を表します。

また、「先生は最近、忙しいようですね」などという場合、「忙しい」は行為ではなく状態ですが、「お」を付けて「先生は最近、お忙しいようですね」とし、敬意を表します。

「先生の指導のおかげで」という場合も「指導」は先生の行為なので、「ご」を付けて「先生のご指導のおかげで」とします。

先生に物を取ってと依頼するとき

× 先生、そこの辞書、取ってくれません?
○ 先生、そこの辞書を取っていただけませんか?

そもそも目上の人を呼び付けたり、物を取ってもらったりするのは失礼なことです。「くれません?」と語尾を省略すると、「くれませんか?」よりなれなれしさが増し、さらに失礼です。よんどころない事情があって、どうしても頼みたい場合は「取っていただけませんか?」と尊敬語で丁寧に依頼しましょう。

来てもらいたい場合は、「先生、ちょっと来て」ではなく、「先生、こちらへお越しいただけませんか?」となります。

先生にレポートについて聞くとき

×　先生、私のレポートを拝見されましたか？
○　先生、私のレポートをご覧になっていただけましたか？

「拝見する」「拝受する」「拝察する」など、「拝」の付く言葉は謙譲語です。一見、丁寧ですが、相手の動作には使いません。

この場合は、「見る」の尊敬語「ご覧になる」を使って質問しましょう。

先生に知っているか？　と尋ねるとき

×　先生もこのことを知ってますか？
○　先生もこのことをご存じですか？

先生や上司など目上の人に対して、尋ねるとき「知ってますか？」では失礼です。尊敬語にして「ご存じですか？」と言いましょう。

また、先生に情報を伝えるときなども「先生に知らせておこうと思いまして」ではなく、「知らせる」の尊敬語「お耳に入れる」を使い、「先生のお耳に入れておこうと思いまして」と言いましょう。

先生の家に行ったことがあるか？　と友人に聞くとき

×小林君は先生の家にいらっしゃったことはありますか？

○小林君は先生のお宅に伺ったことはありますか？

先生の「家」は、「お宅」と尊敬表現にします。また、「小林君」は同輩か後輩なので、「いらっしゃる」と尊敬語を使うのは間違いです。「伺う」と謙譲語を使い、先生へ敬意を表しましょう。

先生が来るように言っていたことを同輩に伝えるとき

×鈴木教授が、山本さんに早く来いと言っていたよ。

○鈴木教授が、山本さんに早く来るようにとおっしゃっていたよ。

目上の人の命令を伝言する場合、相手の言葉そのままに伝えると、雰囲気がギスギスします。「早く来るようにと」または「早く来てくださいと」というように、語尾をソフトに変化させて伝える気配りをしたいものです。また、目上の人の動作は「おっしゃる」を使った尊敬表現にしましょう。

「片付けろと言っていたよ」は、「片付けるようにと（片付けてくださいと）おっしゃっていたよ」となります。

先生の自宅へ電話するとき

× 海山大学でご一緒している吉本です。

○ 海山大学でご指導いただいている吉本と申します。

学生が教授の自宅に電話する場合です。「ご一緒する」は、同行することをへりくだって言う言葉で、「駅までご一緒しましょう」などと使います。同行するとは、一緒に連れ立って歩くことです。へりくだってはいても対等の関係を表しています。学生は大学で先生と「ご一緒している」わけではなく、師弟関係なのですから、この言葉を使うのは失礼です。

また、「明日、先生の研究室に行きたい」と伝える場合「行きたい」ではなく、「先生の研究室に伺いたい」と謙譲語を使い、先生への敬意を表しましょう。

先生は明日、在宅しているか？　と聞くとき

× 明日、先生は家におりますか？

○ 明日、先生はご在宅でしょうか？

「おる」は「いる」の謙譲語なので、先生に限らず、他人に「家におりますか？」と聞くのは失礼です。「いますか？」というニュートラルな表現の方がまだましですが、この場合は先生に敬意を払って「ご在宅でしょうか？」「ご自宅にいらっしゃいますか？」などと尊敬語で尋ねましょう。

先生と一緒に食事をしたと言うとき

× 先生も一緒に昼食を食べました。

○ 先生も一緒に昼食を召し上がりました。

目上の人の動作は尊敬語にします。尊敬語にするには、①動詞を「お〜になる」に当てはめる、②動詞に尊敬の助動詞「れる・られる」を付ける、③言い換え語があればそれを使うという三通りの方法があります。「食べる」の場合、①の方法を使った「お食べになる」②の方法を使った「食べられる」でも間違いではありませんが、③の言い換え語「召し上がる」があるので、これを使う方がスマートです。

尊敬語や謙譲語への言い換え語がある言葉は、なるべく言い換え語を使いましょう。

先生が笑ったと言うとき

× 先生は笑われました。

○ 先生はお笑いになりました。

「笑う」に「れる」を付けた尊敬語では、受身に取り違えられる恐れがあります。先生が笑ったのと、先生が誰かに笑われたのでは大違いです。「お〜になる」という尊敬語にしましょう。

また、「先生はラテン語も読めるそうだ」という場合は、「読める（可能）」＋「られる（尊敬）」で「読められる」ではなく、「お読みになる（尊敬）」＋「可能（れる）」で「先生はラテン語もお読みになれるそうで」と言いましょう。

先生がテストを返したと言うとき

× 先生がテストを返されました。

○ 先生がテストをお返しになりました。

助動詞の「れる・られる」には、「尊敬」の意味のほかに「可能・受身・自発」の意味もあります。先生の動作「返す」に「れる」を付けて、「返される」という尊敬語にしたつもりでも、先生が返したのか、返された（受身）のか、聞き手は混乱します。「お～になる」方式で尊敬語にしましょう。

先生が叱ったと言うとき

× 先生は今回、かなり厳しく叱られたそうです。

○ 先生は今回、かなり厳しくお叱りになったそうです。

先生の動作である「叱った」を尊敬語にしようとして、尊敬の助動詞「られる」を付けて「叱られた」とすると、先生が叱ったのか、先生が誰かに叱られたのか（受身）、区別が付かなくなってしまいます。「お～になる」という尊敬語のパターンで「お叱りになる」とすれば、誤解を招くことはありません。

尊敬語を作る場合には、「れる・られる」の助動詞を使わず、「お～になる」か言い換え語を使った方がよい場合が多々あります。

家庭での子どもとの様子を先生に話すとき

×毎晩、子どもに本を読んで上げています。
○毎晩、子どもに本を読んでやっています。

子どもは身内でかつ目下です。「読んで上げる」では、親が子どもにへりくだっていることになります。そのつもりはなく、「読んでやる」ではぞんざいと思い、丁寧さを出すため「読んで上げる」と言ったのでしょう。最近は「上げる」を丁寧語とする向きもありますが、「上げる」＝謙譲語というもともとの原則から、不快に感じる人もいると知っておきたいものです。

子どもの忘れ物を受付に託すとき

×これをうちの子に渡して上げてください。
○これをうちの子に渡してください。

親が学校の受付などで依頼する場合の言葉遣いです。「上げる」は謙譲語ですから、「渡して上げて」では、わが子にへりくだることを相手に要求していることになり、あきれられるかもしれません。「お忙しいところ、お手数をおかけして大変申し訳ありませんが」と先に述べるのも忘れないようにしましょう。

PTAの会合で話すとき

× では、先生たちをお呼びしましょう。
○ では、先生方をお呼びしましょう。

接尾辞「〜たち」は、「私たち」「子どもたち」などの場合は問題ありませんが、目上や敬意を払う対象に使うと失礼になります。「〜方」など別の言い方を工夫しましょう。

また、学校で保護者に呼びかける場合は「保護者の皆さん」と言うのが一般的です。「父兄」も保護者を指しますが、現代においては古い言葉で、マスコミや学校関係の文書にはもう使われなくなっています。

先生が生徒に資料を届けるよう伝えるとき

× 小林君、鈴木先生にこの資料を届けて上げなさい。
○ 小林君、鈴木先生にこの資料をお届けしなさい。

「〜して上げる」という言葉はもともとは謙譲語です。しかし、こちらの好意で「してやる」という見下したニュアンスが、現代においては伴ってしまう言葉です。「上げる」より敬意の高い「差し上げる」を使って「届けて差し上げなさい」とする方法もありますが、「お〜する」の謙譲語「お届けする」のほうがスマートです。目下に対して指示する場合であっても、語尾を「お届けしてください」と丁寧にすると、ソフトな印象になります。

料理教室で先生が話すとき

× まず、じゃが芋を洗って上げて皮をむいて上げます。
○ まず、じゃが芋を洗って皮をむきます。

これ以外にも「キャベツを千切りにして上げます」「具をやさしく包んで上げます」などといった表現を、テレビの料理番組などで耳にします。丁寧に話そうとするあまり、モノを擬人化して、「〜して上げる」と敬語を使ってしまう例です。同様に「じゃが芋がおいしく煮えてくれる」という例もありますが、どちらも耳障りに感じる人が多いので避けましょう。ただし、「お母さん、私がじゃが芋を洗って上げようか」などという場合は、母親に対する敬語ととらえることが可能です。

自動車学校で先生が話すとき

× クラッチを切って上げてください。
○ クラッチを切ってください。

自動車学校で、マニュアル車の教習中。先生が生徒に丁寧に接するのは大変いいことですが、「クラッチを切って上げてください」では、クラッチという物体に対して敬語を使っていることになってしまいます。

また、スポーツインストラクターが「ストレッチをして上げましょう」「固まった筋肉がリラックスしてくれます」などと言う場合がありますが、生徒に対して丁寧に話そうとするあまり、筋肉にも敬語を使ってしまった例です。

敬語のポイント

「美化語」の使用、ほどほどに

「お花」や「お茶」「ご祝儀」など、聞き手に上品な印象を与える美化語。名詞に「お」や「ご」を付けたり、語彙を変えたりすることで、品のあるやさしい表現になります。

ところがこの美化語、使い方と使い過ぎには注意しなければなりません。

とかく女性は、上品にしようと意識するあまり「私のお仕事は…」「私のお洋服は…」など、自分に関することにまで美化語を使う傾向があります。これでは、高慢な印象を与えるだけです。

「美化語」は、話し手の相手に対する姿勢が表れます。同じ言葉でも相手やシチュエーションに応じて使える「国語力」を身に付けていきましょう。

●「お」と「ご」を付ける美化語

- **和語（大和言葉）には「お」を付ける**
  お知らせ、お手伝い、お車、お皿など
- **漢語には「ご」を付ける**
  ご連絡、ご協力、ご配慮、ご報告など

・例外

「お」と「ご」が両方付く　：お勉強・ご勉強、お返事・ご返事など

「ご」を付ける和語　：ごもっとも、ごゆっくりなど

「お」を付ける漢語　：お電話、お勘定など

「お」と「ご」を付けない代表的な言葉

・外来語・動植物

ビール、コーヒー、犬、猫など

・「お」で始まる言葉

驚く、おもしろいなど

・例外

お思いなど

言葉自体を言い換える美化語

めし　→　ご飯

腹　→　お腹

便所　→　お手洗い

敬語のポイント

手紙のルールを身に付けよう

文章が苦手、手紙をどうやって書いたらいいかわからないなどの理由から、手紙を書くのが嫌という人もいるでしょう。しかし、手紙のルールは思っているよりもずっと簡単です。

手紙の基本構成は、前文、主文、末文、後付けの4つに大きく分けられます。個人宛でも、会社宛でも、この基本さえ知っていれば、簡単に書くことができます。手紙は決して難しくありません。

手紙を書く際には、あいまいな表現、まわりくどい言い方をせずに、自分の言葉で素直に書くことが大切です。美辞麗句を並べたり、とって付けたような言い方をしたりしては、相手の心に響きません。

また、せっかく手紙を書いても、ちょっとした礼儀を知らなかったために、相手に不愉快な思いをさせてしまうこともあります。相手の名前の漢字を書き間違える、字の間違いを修正ペンで修正する、切手の額を間違えるなどはマナー違反ですので気を付けるようにしましょう。

さらに、どんな手紙も送るタイミングが大切です。お祝い状などは、時期がずれると相手の印象がうすれてしまい、せっかくのお祝いの気持ちも効果がなくなってしまいます。

お悔やみ状なども、先方がすっかり立ち直ってから出したのでは、意味がないばかりか、逆効果になることもあります。タイミングを逸しないためにも、日頃から筆まめになるように心がけましょう。

●時候の挨拶

手紙の中では、「時候の挨拶」が使われます。その時々の季節感や気候の様子を表すもので、ビジネスの場合は漢語調で短く簡潔に表現したり、親しい方へは口語調のやわらかい表現の言い回しにしたりと、相手や場面に応じて使い分けていきましょう。

	時候の挨拶	結びの挨拶
1月（睦月）	新春　初春　麗春　寒冷　厳寒の候 頌春のみぎり、ますますご清栄のこととお喜び申し上げます いよいよ厳しい寒さとなりましたが…	厳寒の折から、くれぐれもご自愛ください 冷気が身にしみますので、暖かくしてお休みください
2月（如月）	立春　余寒　春寒　梅花　晩冬の候 春とは名ばかりの寒さですが、皆様お変わりなくお過ごしでいらっしゃいますか	余寒厳しき折から、健康には十分ご留意くださいませ 三寒四温の時節柄、どうか御身を大切になさってください
3月（弥生）	春分　早春　春暖　浅春　春寒の候 桃の節句も過ぎ、ようやく春らしくなって参りました。皆様お変わりありませんか 寒さもだいぶゆるんできましたが…	春寒のみぎり、体調など崩されないようお祈り申し上げます 花の便りが聞かれたら、ぜひこちらにもお出かけください
4月（卯月）	陽春　春爛漫　春和　春風　桜花の候 新年度が始まり、ますますご活躍のこととお喜び申し上げます 春光うららかな季節となりました。皆様お変わりなくお過ごしのことと存じます	春のこのよき日、どうぞお健やかにお過ごしください 春冷えの季節です。どうぞお体を大切に

	5月（皐月）	6月（水無月）	7月（文月）	8月（葉月）
時候の挨拶	新緑　薫風　立夏　惜春　晩春の候 風薫るさわやかな季節となりました 五月晴れの空に新緑が映える好期となりました。お元気でいらっしゃいますか	初夏　入梅　梅雨　青葉　麦秋の候 庭の紫陽花が雨に美しく濡れています うっとうしい梅雨空が続いておりますが、お元気でお過ごしでしょうか	盛夏　大暑　炎暑　酷暑　灼熱の候 夏空がまぶしい季節となりました 庭の草木もぐったりする暑さですが、皆様お変わりありませんか	残暑　晩夏　立秋　季夏　残炎の候 虫の音に秋の気配を感じる季節となりました 連日の熱帯夜に、秋風の吹くのが待ち遠しい今日この頃、いかがお過ごしですか
結びの挨拶	晩春のみぎり、皆様のご壮健をお祈り致します 梅雨入りも間近のようです。くれぐれもお体にお気をつけください	天候不順の折、皆様のご健勝をお祈り致します 季節は暑さに向かっております。どうかご自愛のほどを	例年にない暑さです。お体には十分お気を付けてお過ごしください 暑さ厳しき折、ご家族の皆様のご健康をお祈り致します	残暑の候、健康にご留意されてますますのご活躍をお祈り致します 実り多き秋を迎えられますようお祈り申し上げます

	9月（長月）	10月（神無月）	11月（霜月）	12月（師走）
時候の挨拶	初秋　秋涼　爽秋　清涼　新涼の候 新秋の候となり、朝夕めっきり秋めいて参りました 秋の長雨にうんざりしておりますが、皆様にはご機嫌いかがでしょうか	中秋　紅葉　霜降　秋冷　錦秋の候 秋の夜長、もの思いにふけるこの頃です 天高く馬肥ゆる秋、皆様にはご健勝にてお過ごしのこととお喜び申し上げます	晩秋　向寒　初霜　深秋　菊花の候 初霜の便りも聞かれる時節となりました うららかな小春日和の今日この頃、ご家族の皆様には一段とご健勝のことと存じます	師走　寒冷　霜寒　歳晩　初冬の候 木枯らしが吹きすさぶ季節となりました 師走に入り、何かと気忙しい毎日ですが、お変わりありませんか
結びの挨拶	九月とはいえ、残暑が続いております。お体にお気をつけくださいませ さわやかな秋を満喫されますように	灯火親しむ頃となりましたが、お風邪などひかれませんように 紅葉がきれいな季節ですね。ぜひご家族の皆様でお楽しみください	朝夕はめっきり冷え込むようになりました。お風邪など召されませぬようご自愛ください 師走に向けてお忙しいかとは存じますが、体調など崩されませぬように	寒さが身にしみる時節です。ご自愛専一に、お健やかに冬を迎えられますように 皆様お揃いで良き新年をお迎えになりますよう、お祈り申し上げます

●手紙の書式

【前文】出だし部分。人と会ったときの初めの挨拶に相当します。

①頭語　一行目に字下げをしないで行頭から書きます。女性の場合、省略することもあります。

②時候の挨拶　頭語に続けて一字分空けて書くか、改行して一字下げて書きます。

③安否の挨拶　相手の安否や健康を気遣う言葉を書きます。自分の安否はその後に書きます。

【主文】手紙の中心部分。改行して、一字下げて書き始めます。

④起こしの言葉　内容が本題に入ることを示します。

⑤本題　手紙の用件、趣旨がよくわかるように、簡潔、明瞭に書きます。

【末文】手紙を締めくくる挨拶の部分。改行して一字下げて書きます。

⑥結びの挨拶　相手の健康や繁栄を祈る言葉などを書きます。

⑦結語　行末より一字上で終わるように書く。前文の頭語に対応する言葉を使います。「かしこ」はどんな頭語にも対応する女性のみが使う言葉です。ただしビジネスでは使いません。

【後付け】いつ、誰が、誰に書いたかを示す部分です。

⑧日付　行頭より一～二字下げて、漢数字で書きます。

⑨署名　差出人の名前を結語に揃えて書く。連名の場合は一行ずつ改行します。

⑩宛名　改行して、行頭または一字下げて書く。本文よりやや大きめの文字で書きます。

⑪脇付　相手に敬意を表したい場合に用います。「机下」「侍史」「御前」などがあり、「みもとに（御許に）」は女性が多く用います。最近では省略することが多いです。

【副文】 後付けから一行空け、行頭より二〜三字下げて小さめの文字で書きます。とくにつけ足して伝えたことを添える文ですが、慶弔、おわび、目上の人への手紙などには書かないようにしましょう。

前文

①拝啓　②風薫るさわやかな季節となりました。

③皆様にはお変わりなくお過ごしのこととお喜び申し上げます。おかげさまで、私どもも元気に暮らしております。

主文

④さて、⑤先日は、ご多忙中にお邪魔させていただきまして、大変お世話になりました。久しぶりにおしゃべりに花を咲かせることができ、とても楽しい時間を過ごすことができました。

また、心づくしのおもてなしをいただき、大変うれしく思っております。本当にありがとうございました。

些少ではございますが、お礼の品を送らせていただきました。ご笑納ください。

今後とも末永いお付き合いのほど、お願い申し上げます。近くにお越しの際は、ぜひお立ち寄り下さいませ。

末文

⑥向暑のみぎり、くれぐれもお体を大切にお過ごし下さい。

⑦かしこ

後付け

⑧五月十七日

⑨宮本美子

⑩佐藤紀代実様

⑪みもとに

副文

追伸　今度は、二人で一緒に旅行にでも行きたいものですね。

手紙（一例）

第3章

冠婚葬祭編

招待状で①

× 皆様お誘い合わせて

○ 皆様お誘い合わせになって

パーティーの招待状やイベント案内などで、よく目にする言葉ですが、敬語を間違いやすいポイントです。「お誘い合わせて」は「お誘いする」と「合わせる」を組み合わせた言葉です。「お誘いする」は「お～する」の形式の謙譲語なので、「私の方から改めてお誘いします」などと自分の動作に使う言葉です。相手の動作に使う場合は、「お～になる」の形式の尊敬語にして「お誘いになる」となり、これに「合わせる」を組み合わせ「お誘い合わせになって」となります。また「お誘い合わせのうえ」でも失礼ではありません。

招待状で②

× 持参してください。

○ ご持参ください。

「なお、当日はこの招待状を…」「会場へはこのはがきを…」などとよく目にする表現ですが、「持参してください」では、相手に対する敬意がなく、不遜な印象を与えてしまいます。「持参する」は「何か持参するものはありますか？」など自分の動作に使う言葉です。

この場合は、「ご持参ください」と「ご～くださる」形式の尊敬語にしましょう。「持参」には「参」の文字が入っていますが、謙譲の意味合いは薄れている言葉です。口頭の場合は「お持ちください」「持っていらしてください」といった言い方もあります。

受付で記帳を促すとき

× ここに名前を書いてください。

○ 恐れ入りますが、こちらにお名前をご記入いただけますでしょうか？

受付ではまず「いらっしゃいませ。ようこそお越しくださいました」と笑顔で迎えましょう。事前に申し込みを受けている会合の場合は、先方が名乗ったら「お待ちしておりました」と答えます。

名簿に記入してもらう場合、「ここに名前を書いてください」では敬意が足りません。「恐れ入りますが…ご記入いただけますでしょうか？」と丁寧にお願いします。このとき「ご記入していただけますでしょうか？」と、「して」を入れるのは間違いです。

受付で記念品をもらってと言うとき

× 係の者から記念品をいただいてください。

○ 係の者から記念品をお受け取りになってください。

「いただく」は「もらう」の謙譲語です。「いただいてください」では、「係の者」を高め、相手を低めていることになります。

この場合は「受け取る」を尊敬表現「お～になる」の形式に当てはめ、「お受け取りになって」と相手への敬意を表しましょう。

出席者を受付に案内するとき

× 受付で伺ってください。

○ 受付でお尋ねになってください。

パーティーなどに集まった出席者に何か聞かれたけれど、自分ではわからないので受付で聞いてほしいという場合には、「伺ってください」ではなく「お尋ねになってください」と言いましょう。

「伺う」は「聞く」「問う」などの謙譲語で、「一つお伺いしたいことがございます」「私はそう伺っておりますが…」などと自分の動作に対してしか使いません。「伺ってください」では、受付を高め、相手を低める結果になっています。

幹事が会場に電話するとき

× 一度、会場の下見に行かさせていただきたいのですが

○ 一度、会場を下見させていただきたいのですが

助動詞「せる」「させる」を五段活用動詞に付けるときは「せる」が付きます。「行く」は五段活用動詞ですので「行く＋せる」で「行かせて」となり、「行かさせて」の「さ」は不要です。

しかし、この場合は「下見させていただきたい」で意味は通じます。

司会が乾杯の音頭を促すとき

× 僭越ですが、鈴木様に乾杯の音頭をお願いします。
○ 恐れ入りますが、鈴木様に乾杯の音頭をお願いします。

「僭越」とは、自分の身分や地位を越えて出過ぎたことをすることです。「僭越ながら申し上げます」などと、自分がへりくだるときに使います。

乾杯の音頭を頼むときに使うと、「鈴木さんが乾杯の音頭を取ることは僭越ですが」という意味になるので注意しましょう。

課の忘年会で司会が課長の挨拶を促すとき

× 課長の山田が挨拶申し上げます。
○ 山田課長にご挨拶を頂戴します。

課内なのですから、課長を高めることを心がけましょう。

「課長の山田」ではなく「山田課長」、「挨拶」ではなく「ご挨拶」、「申し上げます」ではなく「頂戴します」または「いただきます」を使います。

出席者に意見を聞きたいと言うとき

×おっしゃりたい放題おっしゃってください。
○どうぞご遠慮なくお話しください。

「言いたい放題」では乱暴だと思い、丁寧にしようとして、「言う」の尊敬語「おっしゃる」を使い、「おっしゃりたい放題」とするのは間違いです。「言いたい放題」は慣用句であり、慣用句は勝手に変形させず、そのまま使います。

こういう場合は、「言いたい放題」ではなく「どうぞご遠慮なくご意見を…」や「忌憚のないご意見を賜りたく…」などと、別の表現を使えばうまくいくでしょう。

取引先へお礼を言うとき

×これも下請けの皆様のおかげです。
○これも協力会社の皆様のおかげです。

「私ども下請けとしては…」などと、自分たちを謙遜して言う分には問題ありませんが、相手を面と向かって「下請け」「孫請け」と称するのは失礼です。

また、「業者」「出入り業者」などの呼称も、相手を見下した印象があります。「業者さん」「業者の皆様」と丁寧にしても、ちぐはぐ感は否めませんので使わないようにしましょう。

上司のスピーチをほめるとき

× さすが課長、感心しました。

○ 課長、すばらしいスピーチでした。

こうした場合の「さすが」は、周りは何だかんだ言っているが、やはり自分の期待通りだ…と、あらためて感心する気持ちの表れということができます。

「さすが、私の見込んだ○○君だけのことはある」などと目下に対して使うのはいいのですが、面と向かって目上に対して言うのは失礼です。部下はほめているつもりでも、上司としてはバカにされているように感じてしまう危険性があります。また「感心」も、「よく勉強していいるね、感心感心」などと、目上から目下に対して使う言葉です。

先輩をほめるとき

× 社長表彰なんて、えらいですね。

○ 社長表彰とは、すばらしいことですね。

何かの表彰を受けたり、コンクールに入賞したりした先輩に対して、後輩からひとこと言葉をかけたい、という心がけはよいのですが、やはり「えらい」はまずいでしょう。「えらい」というほめ言葉は、子どもに対してしか使えません。言われた方はバカにされていると感じて、腹を立てるかもしれません。「すばらしい」「見事でいらっしゃる」「尊敬します」など、ほかの言葉を探しましょう。ほめるときは、逆効果にならないよう、慎重に言葉を選びましょう。

目上の人にほめられたとき

× ほめてもらって、恐縮です。

○ おほめにあずかり、恐縮です。

「ほめてもらって」という言葉には敬意がありません。「おほめいただいて」「おほめにあずかり」なら大丈夫です。素直に「ありがとうございます」と言うのもよいでしょう。場合によっては、その後に「皆さんに協力していただいたおかげです」などと続ければ、感謝とともに謙虚さも伝わるでしょう。また、そっけなく「どうも」と言葉を返す人もいますが、公的な場で「どうも」を安易に使うのは避けましょう。「いやいや」「別に」などとつっけんどんに答えるのも、ほめた相手に居心地の悪い思いをさせてしまいます。

異動になる先輩に挨拶をするとき

× 新しい部署で頑張ってください。

○ 新しい部署でのご活躍をお祈りします。

「頑張って」は、単に応援というよりは、努力することを強要していると受け取られかねない言葉です。目下から目上に使うと失礼になりますので、気を付けましょう。

「プレゼンテーションの成功をお祈りします」「昇進試験、ご健闘をお祈りします」「お仕事大変でしょうが、ご無理のないようになさってください」などと、安易に「頑張る」を使ってしまわないよう、言い換える言葉を工夫したいものです。

同様に「励んでください」「精進してください」なども目上からしか使えない表現です。

感謝の言葉を述べるとき

× ご好意に感謝します。
○ ご厚意に感謝します。

話し言葉では同じ「ゴコウイ」なので区別がつきませんが、挨拶状などに書くときには注意しましょう。

「厚意」は相手の深い情けや親切の意味で、一般には相手の気持ちに対してしか使わない敬語表現です。「ご厚意をいただき、ありがとうございます」などとも言います。

一方、「好意」は親愛や好感の気持ちで、敬語表現ではなく中立的な言葉です。「好意を寄せる相手」「好意的」「好意を無にする」などと言い、相手にも自分にも使います。

スピーチの最後に挨拶するとき

× ご静聴ありがとうございました。
○ ご清聴ありがとうございました。

「ご好意・ご厚意」と同様、話し言葉では区別がつきませんが、同じ「ゴセイチョウ」でも「ご静聴」と「ご清聴」では意味が違います。その違いを押さえておかないと、文字にしたときに間違ってしまいます。

「ご静聴」とは静かにしてよく聴くこと。会場が騒がしいときなどに「ご静聴願います」と使います。一方の「ご清聴」は、他人が聞いてくれることを言うときの敬語表現です。聞いてくれたことに感謝して「ご清聴ありがとうございます」と使うのはこちらです。

目上の人の話に感想を言うとき

× 参考になりました。
○ 勉強になりました。

パーティーなどで知り合った目上の人が、自分の経験談などを披露してくれることがあります。話が終わった後、「参考になりました」では、相手は「何だ、参考程度か…」とがっかりします。感謝の言葉を述べるときは、「大変ためになりました」「大変勉強になりました」と言いましょう。「参考」というのは、使い方が難しい言葉の一つです。資料を「ご参考までに」と言って渡すのはへりくだった言い方です。また、上司が部下に「君の話は参考になったよ」というのは、部下に失礼ではありません。

部長を会合に誘ったことを幹事に言うとき

× 佐藤部長も呼んでやりました。
○ 佐藤部長もお呼びしました。

佐藤部長がその場にいないとはいえ、「呼んでやりました」では敬意がなさ過ぎます。また「呼んで上げました」「呼んで差し上げました」では、「呼んでやった」的な恩着せがましいニュアンスがあります。「お〜する」の謙譲語のパターンに当てはめ、「お呼びする」とするか、「佐藤部長にも声をかけました」と言うのがいいでしょう。

目上ではなく目下の社員のことを「小林君も呼んでやりました」というのは文法的には間違いではありませんが、やはり「小林君にも声をかけました」の方が無難です。

お酌をしようとするとき

✕ 先生、酒、飲みますか？

○ 先生、お酒をお注《つ》ぎしましょうか？

「酒」は美化語の「お」を付けて「お酒」とします。ただし、ビールやワイン、ウイスキーの場合は「お」を付けません。

「飲みますか？」では、あまりに直接的で敬意もありません。「お～する」の謙譲語のパターンに当てはめて、「お注ぎしましょうか？」と言いましょう。

同様に、「先生、料理を持ってきましょうか？」よりも「先生、お料理をお持ちしましょうか？」の方が適切です。

お酌を断るとき

✕ 結構です。

○ あいにく不調法《ぶちょうほう》で、申し訳ございません。

体質的にお酒を受け付けない人でも、社内外の酒席に参加することはあります。飲めない体質の場合、目上の人に勧められても、無理に飲む必要はありませんが、「結構です」と断るとその場がぎくしゃくしてしまいます。

そんなとき「不調法」という便利な言葉があります。これは芸事やお酒をたしなまないことを謙遜していう言葉です。

料理を勧めるとき

× どんどんいただいてくださいね。

○ どんどん召し上がってくださいね。

「いただく」は「食べる」の謙譲語ですから、相手の動作には使いません。「食べる」の尊敬語は「召し上がる・お食べになる・食べられる」です。食べる人がお客さんや目上の人の場合には「召し上がる」を使いましょう。

料理を断るとき

× もうお腹いっぱいです。

○ もう十分いただきましたので…。

宴会の席でもっと食べるように勧められたとき、「もうお腹いっぱい」は直接的で幼稚な表現です。親しい身内の間で交わす言葉で、敬意がありません。

まず笑顔で「ありがとうございます」と受け、「もう十分いただきましたので…」と言うのがスマートでしょう。

記念品のお礼を言うとき

× 結構な粗品をいただき、ありがとうございます。
○ 結構な記念品をいただき、ありがとうございます。

「粗品」とは人に上げる品物を謙遜した言葉です。自分の側から「粗品なんですが…」「粗品を進呈いたします」などと使う言葉です。

それを単なる記念品という意味だと勘違いして、「結構な粗品をありがとうございます」などと、くれた相手に面と向かってお礼を言ってしまうと大変です。言われた方は「ほんとは何が言いたいの？」と疑心暗鬼になり、気まずいムードが流れるでしょう。

二次会への出席を上司に尋ねるとき

× 主任はいかがいたしますか？
○ 主任はいかがなさいますか？

会合の一次会が終わり、二次会の案内があったときなどに、主任はどうするか、と聞くときの言葉です。

上司自身の行動について質問するときに「いかがいたしますか？」というのは間違いです。「いたす」は「する」の謙譲語ですから、上司を低めていることになります。「する」の尊敬語「なさる」を使って、「いかがなさいますか？」と聞きましょう。相手に敬意を表すつもりで、「いたす」を相手の行動に使ってしまう例は多いので気を付けましょう。

司会が閉会を告げるとき

×今夜はこれで閉会にいたします。

○今夜はお開きにさせていただきます。

結婚披露宴だけでなく、おめでたいパーティーの最後には、「今夜はこれで閉会にいたします」などと言うのはタブーです。

おめでたい席では、「別れる」とか「切れる」などと同様、「閉じる」という言葉は不吉ということで嫌われているからです。「今夜はこれでお開きにさせていただきます」と、「お開き」という言葉を使えば、問題ありません。

パーティーで皆より先に帰るとき

×先に帰らせていただきます。

○お先に失礼させていただきます。

「先に」は「お先に」と丁寧にしましょう。「帰らせていただきます」は間違いではありませんが、「帰る」を婉曲にした「失礼する」「おいとまする」という言葉を使いましょう。「失礼させていただきます」「おいとまさせていただきます」と、主催者側への配慮を表すことも大事なポイントです。

パーティーのあと、どこへ行くのかと聞くとき

× このあと、どこへ行くのですか？

○ このあと、どちらへいらっしゃいますか？

「どこへ」は「どちらへ」と丁寧にします。「行くのですか？」では敬意がないので、「行かれるのですか？」または「いらっしゃるのですか？」と尊敬語にします。「行かれますか？」や「いらっしゃいますか？」の方が、問い詰める感じがなくソフトな印象になります。

「行かれる」は間違いではありませんが、俗語の「イカレル」という音を避けて「いらっしゃる」と言った方がスマートです。「いらっしゃる」は「居る」「来る」「行く」の尊敬語です。使いこなせるように練習しましょう。

先生がパーティーに出席したことを言うとき

× 先生は出版記念パーティーにご出席された。

○ 先生は出版記念パーティーに出席された。

「される」は「する」の尊敬語なので、「出席される」で尊敬語です。「ご出席される」は二重敬語になるので正しくありません。「ご出席した」ならどうかというと、「ご～する」という謙譲語の型なので、尊敬語にはなりません。

「出席された」では敬意が十分でないと感じる場合は、「ご出席なさった」「ご出席になった」がよいでしょう。

披露宴の招待状で①

✕ ご参列くださいますよう

○ ご出席くださいますよう

結婚式や披露宴の招待状で、「ご参列くださいますようお願い申し上げます」という文章を見かけることがありますが、「ご参列」よりも「ご出席」「ご列席」の方が丁寧です。「参列」は辞書的には「式などに加わり列席すること」というほどの意味ですが、「参」はもともと「参る」であり、「参る」は「行く」の謙譲語です。日常的には「ご参加ください」「ご参観ください」など、謙譲の意味は薄れていますが、改まった結婚式の場合は気を付けた方がいいでしょう。なお「ご臨席を賜りますよう」が最も丁重な表現となります。

披露宴の招待状で②

✕ 万障お繰り合わせのうえ

○ ご都合が付きましたら

非常に重要な会議の案内状ならともかく、披露宴や企業の創立記念パーティーなどの招待状に「万障お繰り合わせのうえ、お越しください」と書くと、ムッとされることがあります。「万障お繰り合わせのうえ…」は、かしこまった決まり文句ですが、「万障」とはさまざまな差しさわりのこと。自分たちの行事のために、他人の事情も無視して「何があっても都合を付けて出席して」と言うのは強引過ぎます。「ご都合が付きましたら、ご出席くださいますよう…」「ご出席いただければ幸いです」などの謙虚な表現が適当です。

新郎新婦の家族へ挨拶するとき

× こんにちは！

○ 本日は、おめでとうございます。お招きにあずかり、ありがとうございます。

結婚式は特別な日です。新郎または新婦、またその家族とどんなに親しい関係であっても、式場で出会って「こんにちは！」では幼稚過ぎます。必ず立ち止まって「本日はおめでとうございます。お招きにあずかり、ありがとうございます」と型通りの挨拶をし、一礼しましょう。

また、「今日はおめでとうございます」ではなく、より改まった言葉「本日」を使うのがポイントです。

新婦に会いに控え室に行ったとき

× マゴにも衣装っていうけど、見違えちゃったわ！

○ 本日はおめでとうございます。とってもステキですよ！

普段は軽口をたたきあう友人同士であっても、式場で「マゴにも衣装！」などと冗談を言ってはしゃぐのはやめしょう。また、「マゴにも衣装」のマゴは孫ではなく「馬子」で、馬を引く職業の人「馬方《うまかた》」を指します。誰でも外面を飾れば立派に見えるという意味のことわざです。

控え室を覗くことが許された場合は、丁寧に「本日はおめでとうございます」と挨拶し、語尾を「です・ます」の敬体にして話しましょう。

新郎が披露宴の冒頭で挨拶するとき

× どうぞ最後まで
○ どうぞお開きまで

最近は、ウエルカムスピーチといって、結婚式や披露宴の冒頭に新郎が挨拶をすることがあります。

忌み言葉の「最後」を「お開き」とし、「短い時間ではありますが、どうぞお開きまで楽しくお過ごしください」と話すのがいいでしょう。

司会が披露宴の冒頭で挨拶するとき

× なにぶん慣れていないため
○ なにぶん不慣れのため

披露宴などの冒頭で司会者が自己紹介の挨拶をするとき、「慣れていないため…」では日常的過ぎます。

「なにぶん不慣れのため、不行き届きの点が多いことと存じますが…」と言うのがよいでしょう。

司会が新郎の父を紹介するとき

× 新郎の父からご祝辞がございます。
○ 新郎のお父上からひとことご挨拶がございます。

新郎の父は自分の父ではないので、「お父上」となります。また、結婚披露宴では、ずっと「ご祝辞」が続くので、祝辞を述べる側と受ける側とを勘違いして、つい「ご祝辞」と言ってしまいそうになるので、気を付けましょう。新郎新婦の父母は祝辞を受ける側で、最後にお礼を言う立場です。

新郎の父親が挨拶するとき

× 不肖の息子ながら、よく頑張りました。
○ わが息子ながら、よく頑張りました。

「不肖」の「肖」とは本来「似る」という意味で、「不肖」とは似ていないことです。しかし、ただ似ていないだけでなく、未熟で愚かというニュアンスがあります。

他人や息子自身が「不肖の息子」と言うのならまだしも、親がわが子を人前で「不肖の息子」と言うと、自分を称賛していることになり、鼻持ちならない人物と思われます。

司会がスピーチする人を紹介するとき

× 次は小林君の挨拶です。
○ 次は小林様からご祝辞を頂戴したいと思います。

自分が司会者で、次に後輩の小林氏が挨拶をするという場面です。結婚披露宴などの改まった席では、たとえ相手が自分の学生時代の後輩や、会社の部下であっても、呼び捨てや「君」づけで呼ぶのは失礼です。「次は、新郎の同僚であります青空商事、小林様からご祝辞を頂戴したいと思います」がいいでしょう。なお「挨拶」ではなく「ご祝辞」とします。

司会がスピーチ後につなぎの言葉を言うとき

× 今のご祝辞にもありましたように
○ ありがとうございました。

前にスピーチをした人が知り合いで、自分もよく知っている話題だったりすると、「今の話にもありましたように、新郎と新婦は実に…」などと自分の感想をひとこと付け加えたくなることもあると思います。しかし、付け加えるのがたとえよい内容であっても、これはタブーです。また楽器演奏や歌などの余興への感想も言いません。

祝辞や余興が終わった後、司会者は「どうもありがとうございました」とだけ言い、「続きまして」と次へつなぎます。

司会がたくさんの祝電がきていることを言うとき

× たくさんの祝電が参っております。
○ たくさんの祝電を頂戴しております。

「来る」の謙譲語「参る」を使うと、新郎新婦を高め、祝電を打ってくれた人を低める結果になってしまいます。

「祝電を頂戴しております」より少し敬意は下がりますが、「祝電をいただいております」でもＯＫです。

祝辞を述べるときの冒頭の挨拶で①

× 高い席から失礼します。
○ ご指名により、ひとことご挨拶申し上げます。

スピーチの冒頭に「高い席から失礼します」と言ったり、「このような高い席をご用意いただき、誠に恐縮で…」と言ったりすることがあります。謙虚さを表そうとしている決まり文句だというのはわかりますが、ほかの人たちを「低い席」と規定しているようなもので、不快に感じる人もいます。また、出席者と同じフロアーなのに「高い席から」と言うのは嫌味と感じられることもあります。「ご指名により、ひとことご挨拶申し上げます」とサラッと始めた方がスマートです。

祝辞を述べるときの冒頭の挨拶で②

× 末席ながらご挨拶を申し上げます。

○ おめでたい席をお借りして、ご挨拶を申し上げます。

披露宴で、「末席ながらご挨拶を申し上げます」と謙遜のつもりで言っている人がいますが、これは失礼に当たります。

招待した側は、席順を決めるのにかなりの神経を使っているものです。普通の宴会ならまだしも、招待された披露宴で「末席」と言うと、その席を用意してくれた側に対して難癖を付けているように聞こえてしまいます。席順がどこであっても、「おめでたい席をお借りして、ご挨拶を申し上げます」と言えば間違いありません。

同級生に祝辞を述べるとき

× 同じ高校を卒業させていただきました。

○ 同じ高校を卒業しました。

新郎または新婦と高校が同じということで、祝辞を頼まれた場合です。

晴れの場でへりくだろうという気持ちはわかりますが、「卒業させていただいた」では、へりくだり過ぎです。本当は出席不足や成績不良、素行不良などで高校を卒業できる要件を満たしていなかったのに、学校側の温情でやっと卒業させてもらったというニュアンスになってしまいます。ストレートに「同じ高校を卒業しました」「高校の同窓で」「高校を同期に卒業し」などでOKです。

祝辞で新郎をほめるとき

× 彼は頑固な男です。

○ 彼は一本筋が通った男です。

披露宴には新郎新婦の親族が列席していますので、スピーチで新郎新婦について言及するときには、言葉を選びましょう。

「頑固」は「一本筋が通った」と言えば、ほめ言葉になり印象が変わります。「のんびり・ルーズ」は「マイペース」、「変わり者」は「個性的・ユニーク」、「抜けたところがある・天然（ぼけ）」は「物事にこだわらない」、「せっかち・短気」は「てきぱきしている」、「飽きっぽい」は「好奇心旺盛」などです。

祝辞で新婦をほめるとき

× 花子さんはやせていて

○ 花子さんは華奢で

「やせている」は「華奢で・スレンダーで」、「太っている」は「たくましい・体格がいい・貫禄がある」などと、ほめ言葉に言い換えましょう。

「八方美人」は「社交的・みんなに好かれる」、「派手好き」は「おしゃれ・センスがいい」、「細かい・神経質」は「几帳面・まじめ・きちんとしている」、「優柔不断」は「慎重」などという要領で言い換えます。短所は長所の裏返しとも言いますから、プラス面に着目すれば、言い換える言葉が浮かんでくるはずです。

新婦が自分の両親への手紙を読むとき

× 本日まで私をお育てくださいまして
○ 今日まで私を育ててくれて

新婦から両親へのお礼の手紙の朗読は、披露宴で最も感動する場面です。しかし、自分の両親に対してあまりに堅苦しい尊敬語を使うと、第三者は聞き苦しく感じるもの。新婦から両親への手紙は、あくまでも私的な手紙を公開しているという形なので、よそよそしくなり過ぎないよう、しかし、くだけ過ぎないよう、自然で丁寧な話し言葉を心がけましょう。「お父さん、お母さん、今日まで私を大切に育ててくれて、本当にありがとうございました」という程度が適当でしょう。

新婦が新郎の両親への手紙を読むとき

× 温かく迎えてくれて
○ 温かく迎えてくださり

新婦から両親への手紙は、自分の両親へ向ける言葉で始まり、最後に新郎の両親へ向けてひとこと述べるという流れです。身内である自分の両親へは敬語はあまり使わない方がよいのですが、新郎の両親に対しては、敬語を使わないとなれなれしい感じがして、これもまた聞き苦しいものです。「良夫さんのお父さん、お母さん、初めてお会いしたときから温かく迎えてくださり、本当にうれしく思いました。ふつつかな嫁ですが、これからどうかよろしくお願いいたします」などがよいでしょう。

人を紹介され挨拶するとき

× こんにちは、松野梅子です。

○ 初めてお目にかかります。松野梅子と申します。

披露宴で人を紹介されるのはよくあることです。未婚同士の場合、そのまま交際に発展することもないとは言えません。

披露宴だけでなく、ビジネスなどでも、人を紹介されて「こんにちは」は幼稚過ぎます。「初めてお目にかかります」と言いましょう。改まった席では、「初めまして」よりも、きちんと言う方が丁寧で好感が持てます。また、初対面の人に名乗る場合に「○○です」というのも幼稚です。「○○と申します」と改まった言葉遣いをしましょう。

披露宴の欠席を連絡するとき

× お葬式が入って、出席できなくなりました。

○ やむを得ない事情で出席できなくなりました。

披露宴に出席を予定していたところ、弔事が重なってしまい出席できなくなってしまった…。そういう場合は、弔事を優先させるのが一般的です。披露宴に出席できなくなった旨、早急に相手に連絡をしなければなりません。

出席を断る場合、「都合により…」のひとことで済ませるのではなく、可能な範囲で事情を告げるのが礼儀だという考え方もありますが、やはり慶事に対して「お葬式で」はよくありません。こういう場合は「やむを得ない事情で」とするのがよいでしょう。

披露宴の途中で帰ると挨拶するとき

× 帰ります。

○ おいとまさせていただきます。

披露宴や二次会、三次会の途中で帰る場合、幹事などにひとこと断ろうとして、ついうっかり「帰ります」と言うのはタブーです。「帰る」は結婚式の忌み言葉だからです。「おいとまさせていただきます」が、美しく丁寧に聞こえる言葉です。

日頃から、相手の家を訪問してごちそうになった後、帰る意思表示をするときや、パーティー・会合から途中で帰るときに「おいとまさせていただきます」を使うようにしていると、いざというときにも自然に出てくるようになります。

司会がお礼を言うとき

× ご参列くださり、ありがとうございました。

○ ご列席くださり、ありがとうございました。

披露宴がお開きになるとき、司会者がお礼の言葉を言います。司会者は主催者側なので、お祝いに集まったゲストに対して「列席」という言葉を使います。一方、ゲストは自分のことをいうとき「参列させていただきます」などと言います。「参列」の「参」は「まいる」という謙譲語なので、「参列する」は謙譲語になります。「参列」と「列席」が逆にならないよう、気を付けましょう。また、これは葬儀の場合でも同じです。

二次会で祝辞を述べるとき

✕ どのくらい続くかって、仲間で賭けをしてるんですよ。

○ 末永くお幸せに。仲間一同、心より祈っております。

結婚披露宴の二次会で、友人としてスピーチをするケースもあると思います。新郎新婦とごく親しいと、冗談で会場を笑わせようと考えることもあるでしょうが、「どのくらい続くか」といった悪い冗談や、新郎新婦の過去を暴露するようなことは絶対にやめましょう。二次会に出席しているのは友人だけとは限りません。あらたまった席では「お幸せに」「心より祈っております」などと敬語を使うようにしましょう。

結婚の報告をするとき

✕ 入籍させていただきました。

○ 結婚いたしました。

芸能人が「このたび○○さんと結婚させていただきました」「入籍させていただきました」と結婚報告をすることがあります。「させていただく」は相手からの許可を必要とする意味にもとられますし、へりくだり過ぎの印象があります。「結婚いたしました」と謙譲語で、スパッと言いましょう。また「入籍する」は本来、すでに存在する戸籍に誰かが入ることです。昔の家制度では、結婚すると男性の戸籍に女性が入ったという名残で、今も「結婚する」の代わりに使う人がいますが、一般的な結婚の場合、婚姻届を提出して新しい戸籍を作りますので、「婚姻届を提出いたしました」と言うのがよいでしょう。

受付で香典を出すとき

× ほんのつまらないものですが…。

○ 取り急ぎお伺いしました。こちらをお供えくださいますよう…。

手土産を出すときに「ほんのつまらないものですが…」と言うならまだしも、葬儀で香典を出すときにはとても失礼です。

受付で「こちらをお供えくださいますよう…」または「ほんの気持ちですが…」「心ばかりですが…」と言って差し出します。

受付で香典を出されたとき

× ここに名前を書いてください。

○ ご記帳ください。

受付を引き受けた場合の言葉遣いです。

香典を出されたら「ご丁寧においでいただき、ありがとうございます。お気持ちは確かにお預かりします。どうぞ、こちらにご記帳ください」などと言い、芳名帳（会葬者名簿）に住所、氏名の記帳を促します。

お悔やみを述べるとき①

× ご愁傷様。

○ このたびは誠にご愁傷様です。

「ご愁傷様」と前後を省略して言うのは失礼です。「このたびは誠にご愁傷様です」と丁寧に言いましょう。お悔やみは、元気にはきはき言うものではありません。声を低めて、語尾は聞き取れないくらいでよいのです。同時に目を伏せて深くお辞儀をします。

「ご愁傷様です」は決まり文句ですが、相手がごく親しい場合など、よそよそしく堅苦しく感じて言いづらいというときは、「このたびはお悔やみ申し上げます」「お気の毒です」「大変でしたね」などの言葉が一般的です。

お悔やみを述べるとき②

× お力落としのないように…。

○ さぞお力落としのことでしょうが…。

亡くなった人の家族に「お力落としのないように」と言っている人がいますが、家族が亡くなって平気な人がいるはずはなく、力を落としているに決まっています。「お力落としのないように」と言われても無理な注文ですし、がっかりしている神経にさわることもあるでしょう。こういうときは、「さぞお力落としのことでしょうが、くれぐれもお身体を大切に…」「お力落としはいかばかりかと存じますが、どうぞご自愛ください」などと遺族の心中を思いやった言葉で慰めるべきでしょう。

お悔やみを述べるとき③

✕ 一日も早く忘れることです。

○ 忘れがたいでしょうが…。

家族が亡くなってガックリきている人に、「一日も早く忘れることです」「一日も早くお元気になってください」などと無責任な慰め方をする人がいますが、遺族の感情を逆なでしてしまいます。家族の死はそう簡単に忘れられるものではありませんし、仏様に対しても失礼です。

「忘れがたいでしょうが」とか「さぞお力落としでしょうが」と言い、「どうぞお身体にさわりませんよう」といった慰めの言葉をかけましょう。

お悔やみを述べるとき④

✕ 死因は何でしたか？

○ ご病気は…？

家族が亡くなったばかりの人に「死因は何でしたか？」などとストレートに尋ねるのはぶしつけで大変に失礼なことです。これでは好奇心だけで言っているような印象を与えてしまいます。

遺族の方から言うまで待ち、「死因は？」などとこちらからは質問しないのがマナーです。どうしてもと言う場合、直接「死」には触れないで「ご病気は…？」と婉曲に尋ねましょう。

お悔やみを述べるとき⑤

× ご遺体を見せてください。

○ お別れをさせていただけませんか。

訃報を聞いて自宅にかけつけても、遺族からの申し出がない場合には、玄関先で引き取るのがマナーです。申し出もないのに遺体との対面を願い出ることは、普通はマナー違反です。遺体の損傷がある場合、闘病が長かった場合、子どもの場合などには、遺族は面会してほしくないと思うものです。しかし、生前かなり親しくしていて、どうしても会いたいという場合、願い出ることはあるでしょう。とはいえ、「ご遺体を見せてください」といった直接的で無神経な表現は絶対にしないように気を付けましょう。

お悔やみを述べるとき⑥

× さぞ落胆されたことでしょう。

○ ご心中いかばかりかとお察しいたします。

家族が「落胆」しているのは当たり前なのであって、配慮のある言葉とは言えません。このようなときは「ご心中いかばかりかとお察しいたします」と相手の気持ちを汲んで、いたわりの言葉をかけることが大切です。

お悔やみを述べるとき⑦

× 思ったより早かったですね。

○ ご介抱がかなうと信じておりました。誠に残念です。

お悔やみの言葉は、余計なことを言わないこと、遺族の気持ちを逆なでしないことが第一です。

闘病生活が長かった場合は「ご介抱がかなうと信じておりました。誠に残念です」など、老衰の場合は「穏やかな最後だとお聞きして、少し救われた気がします」など、交通事故の場合は、「あまりに突然のことで、何と申し上げてよいか…。まだ信じられないような気持ちで…」などと相手の気持ちになって述べましょう。

お悔やみを述べるとき⑧

× 天寿をまっとうされましたね。

○ 寂しくなりましたね。

平均寿命をはるかに超えた高齢者が亡くなると、弔問の挨拶で「天寿をまっとうされたのですから…」という言葉がよく聞かれます。寿命を生き尽くし、大往生を遂げたのだから、悲しむよりむしろ尊敬すべきことだという意味です。言う方は遺族を慰めるつもりで言っているのですが、遺族にとってみれば、何歳であっても悲しく寂しいことには変わりなく、他人が天寿と決め付けるのは失礼と感じることもあります。高齢でも年齢には触れない方が無難でしょう。遺族側が「天寿をまっとう」と言うのはかまいません。

お悔やみを述べるとき⑨

✕ 迷わず成仏してください。

○ 安らかにお眠りください。

キリスト教では人が亡くなることを「天に召される」と言い、神の御許に召されて天国で永遠の命が得られることと考えられています。したがって「成仏、往生、供養、焼香…」などの仏教用語はもちろん、「ご愁傷様です」「お気の毒です」などのお悔やみの言葉はタブーとなっています。弔問の挨拶では「お知らせをいただき、ありがとうございました」などが一般的です。

なお仏教用語は、神道の場合でもタブーです。

「ご愁傷様です」と言われたとき

✕ ありがとうございます。

○ 恐れ入ります。

家族が亡くなると、通夜、葬式はもとより後々にわたって「ご愁傷様です」などと挨拶をされる機会は多いものです。そんなとき、ただ「ありがとうございます」だけでは、亡くなったことを喜んでいるようで、言う方も聞く方もしっくりきません。

通夜や告別式など葬儀に列席してくれた人には「お忙しいところありがとうございました」、誰にでも後々まで使えるのが「ご丁寧に恐れ入ります」「お心遣い痛み入ります」などの言葉です。

弔辞を読むとき①

×このたび、死亡なさったとの連絡を受けましたが、今も信じられません。

○このたびの突然のご訃報、いまだ信じられない思いでいっぱいです。

弔辞とは、通夜や告別式で故人の冥福を祈って捧げる言葉です。弔辞を依頼されることは名誉なことですので、遺族の方に弔辞を依頼された場合は、辞退せずに引き受けるのが礼儀です。また書いた弔辞は喪家に保存されますので、言葉に気を付け丁寧に書きましょう。

「死」という言葉を避け、「訃報・悲報・悲しいお知らせ」といった別の言葉に言い換えるようにします。そのほかにも「事故・交通事故・若死」などの生々しい言葉は避けるようにしましょう。

弔辞を読むとき②

×生きている頃…。これまで努力してきた成果が…。

○ご存命中…。これまで努力してこられた成果が…。

「生きている頃」や「ご生存中」などという言葉は直接的過ぎます。「ご存命中」「ご生前」「お元気だった頃」が故人に対する敬語です。故人であっても尊敬語を使いましょう。

同様に「努力してきた」ではなく、「努力してこられた」と敬意を表しましょう。

遺体と対面をするとき

×では、見させていただきます。

○では、お別れをさせていただきます。

個人と親しい間柄の場合、遺体との対面を勧められることがあります。そういう場合は「では、お別れをさせていただきます」と述べるのがマナーです。

また、対面した故人の顔が生前と変わっていても、「こんなにやせて…」とか「こんなにやつれて…」などと、精神的に参っている遺族の感情を逆なでするような言葉は慎みましょう。

通夜ぶるまいの席で話すとき

×にぎやかで、故人もさぞ喜んでいることでしょう。

○1ヵ月前にお会いしたときは、お元気そうでしたが…。

通夜に参列してもらったお礼として、お酒や食事でもてなすことを通夜ぶるまいと言います。これは近親者や特に故人との交際が深い方のみが参加するものなので、引き止められた場合のみ参加し、早めに切り上げるのがマナーです。

遺族が「にぎやかで、故人もさぞ喜んで…」などと言っても、この言葉を真に受けたり、自分から言ったりしてはいけません。故人との思い出を遺族に話したりして、あくまでもしめやかに故人をしのびます。

葬儀の場から辞去するとき

× 何かお手伝いすることはありますか?

○ 私でお役に立つことがありましたら、何なりとおっしゃってください。

お葬式の後も、遺族は初七日などの法要があり、悲しみと忙しさ、勝手のわからなさでおろおろしているものです。そんなときに「何かお手伝いすることがありますか?」と質問するのは間違いではありませんが、あまりにも直接的で事務的な印象があります。聞かれた方は返事に困ってしまうかもしれません。

このような場合は、「私でお役に立つことがありましたら、何なりとおっしゃってください」と謙虚に申し出て、指示を待つという姿勢でいましょう。

妻の父から預かった香典を出すとき

× これは家内のお父さんからお預かりしたものです。

○ これは家内の父から預かったものです。

妻の父母は身内です。自分から見て年上であっても、身内に対しては敬称「お父さん」や謙譲語「お預かり」は使いません。話し手と聞き手に共通の恩師などの場合は「○○先生からお預かりしたものです」となります。

お線香を上げに行きたいと電話するとき

× お線香を上げに行きたいんですが。
○ お線香を上げに伺いたいのですが。

「行きたい」ではなく、「伺いたい」と謙譲語を使うことにより、敬意を表します。

つい丁寧に「お伺いしたい」と言ってしまいがちですが、二重敬語となりますので注意しましょう。

知り合いの死を伝えるとき

× △△さんがお亡くなりになられました。
○ △△さんがお亡くなりになりました。

「亡くなる」は「死ぬ」という直接的な、刺激の強い言葉を避ける配慮をした婉曲な表現です。「無くなる」と同じく「今まであったものが無い状態になる」という意味ですが、死を意味する場合は「亡くなる」と別の漢字を当てます。これを尊敬語にする場合は「亡くなれる」「お亡くなりになる」となります。それに尊敬の助動詞「れる」をプラスした「お亡くなりになられる」は二重敬語で誤りです。

自分の身内であっても、「死ぬ」という言葉を避ける配慮をして「祖父が亡くなりました」などと言いますが、「亡くなる」を動物や自分に使うと違和感を持たれます。「私が亡くなった後に…」ではなく、「私が死んだ後に…」または「私がいなくなった後に…」などの方がいいでしょう。

敬語のポイント

披露宴における忌み言葉

披露宴は一生に一度の晴れ舞台です。新郎新婦に失礼のないように言葉遣いやマナーには十分注意したいものです。

中でも最善の注意を払いたいのが、忌み言葉。忌み言葉とは披露宴や葬儀の場において、使用を控えた方がよいとされる言葉です。

お祝いの席では「別れる」「切る」などの別れを連想させる言葉、「再び」「重ね重ね」などの繰り返しを連想させる言葉は嫌われますので注意しましょう。

一般的に、「ナイフで切る」は「ナイフを入れる」、「終わる」は「お開きにする」、「帰る」は「中座する」などというようにほかの言葉に置き換えます。

ついうっかり口を滑らすことのないように、代表的な忌み言葉はしっかり覚えておきましょう。

●お祝いの席での忌み言葉

・別れを連想させる言葉は使わない

別れる、終わる、切れる
帰る、出る、戻る、去る
離れる、飽きる、薄い
浅い、思い切る、破れる
冷える、壊れる、返る
滅びる、うれい、流れる
散る、苦しい、褪せるなど

・繰り返しを連想させる言葉は使わない

再び、重ね重ね、再三再四
かえすがえす、たびたび
しばしば、次々
もう一度、ますます
なおまた、くれぐれなど

敬語のポイント

お悔やみの席における忌み言葉

お悔やみの席では、遺族をいたわって慎み深い挨拶を心がけたいものです。言葉少なに「このたびはご愁傷様でした」と述べ、哀悼の意を表しましょう。

悲しみの中にいる遺族にお悔やみを述べるのは難しいものです。うまく言葉にならない場合は、頭を下げるだけでもかまいません。

●お悔やみの席での忌み言葉

・繰り返しを連想させる言葉は使わない

重ね重ね、くれぐれも、かえすがえす

再三、また、しばしば、再び

次々、たびたび、続いてなど

・死を直接表す言葉は使わない
死亡、死去、急死、自殺など

・不幸を連想させる言葉は使わない
苦しい、つらい、迷う
消える、浮かばれないなど

・苦・死を連想させる数字は使わない
九、四

*神式、キリスト教式では、「ご冥福」「ご供養」「成仏」「往生」などの仏教用語が忌み言葉になります。

●言い換え表現
死ぬ　→　ご逝去・ご永眠・ご不幸・ご訃報
生きている頃　→　ご存命中・ご生前
ご生存中　→　ご生前

第4章

敬語事典

敬語の分類

平成19年2月に文化庁から公表された「敬語の指針」（文化審議会）では、これまで一般に尊敬語・謙譲語・丁寧語に3分類されていた敬語が、尊敬語・謙譲語Ⅰ・謙譲語Ⅱ（丁重語）・丁寧語・美化語の5分類に改められました。

文化審議会では、5種類に分類することで、現代の敬語の用法や働きをより的確に理解できるとしています。

3分類	5分類	敬語の型
尊敬語	尊敬語	「いらっしゃる・おっしゃる」型
謙譲語	謙譲語Ⅰ	「伺う・申し上げる」型
	謙譲語Ⅱ（丁重語）	「参る・申す」型
丁寧語	丁寧語	「です・ます」型
	美化語	「お酒・お料理」型

敬語の種類と働き──「敬語の指針」より一部要約

尊敬語（「いらっしゃる・おっしゃる」型）

相手側または第三者の行為・ものごと・状態などについて、その人物を立てて述べるものです。

「先生は来週海外へ行く」→「先生は来週海外へいらっしゃる」

右の例では、「行く」の代わりに「いらっしゃる」を使うことで、「先生」を立てる述べ方になります。

謙譲語Ⅰ（「伺う・申し上げる」型）

自分側から相手側または第三者に向かう行為・ものごとなどについて、その向かう先の人物を立てて述べるものです。

「先生のところに行きます」→「先生のところに伺います」

右の例では、「行く」の代わりに「伺う」を使うことで、「先生」を立てる表現になります。

謙譲語Ⅱ（丁重語）（「参る・申す」型）

自分側の行為・ものごとなどを、話や文章の相手に対して丁重に述べるものです。

「明日から海外へ行きます」→「明日から海外へ参ります」

右の例では、「行く」の代わりに「参る」を使うことで、自分の行為を相手に対して改まった言葉で述べることになり、丁重な表現になります。

丁寧語（「です・ます」型）

話や文章の相手に対して丁寧に述べるものです。

「次は来月十日です」「6時に起きます」のように使い、相手に対して丁寧さを添えて述べることができます。

なお、「こちらでございます」のように述べると、さらに丁寧さの度合いが高い敬語になります。

美化語（「お酒・お料理」型）

ものごとを美化して述べるものです。ほかの敬語のように相手に敬意を表す意味はありませんが、相手に配慮して述べる場合などに使います。

たとえば、先生にお酒を注ぐ場合、「先生、酒をお注ぎしましょう」の代わりに、「先生、お酒をお注ぎしましょう」と述べる方が適切です。

＊本書では、謙譲語ⅠとⅡを謙譲語として表記しています。

よく使う敬語言い換え一覧

〈動作〉

普通語	尊敬語	謙譲語Ⅰ・Ⅱ
会う	お会いになる 会われる	お会いする お目にかかる
与える	くださる	差し上げる
ある	おありになる	ございます
言う	言われる おっしゃる	申し上げる 申す
行く	いらっしゃる 行かれる	伺う 参上する 参る
いる	いらっしゃる おいでになる	おる
売る	お売りになる お譲りになる	お売りする お譲りする
教える	お教えくださる お教えになる	お教えする

普通語	尊敬語	謙譲語Ⅰ・Ⅱ
思う	お思いになる お考えになる	存じ上げる 存じる
買う	お買い上げになる お買い求めになる お求めになる	買わせていただく 購入いたす
帰る	お帰りになる	おいとまする 失礼する
書く	お書きになる	お書きする
借りる	お借りになる	お借りする 拝借する
頑張る	ご尽力になる お励みになる	努力いたす 努めさせていただく
聞く	お聞きになる	拝聴する 伺う
決める	お決めになる ご英断	決定いたす

普通語	尊敬語	謙譲語Ⅰ・Ⅱ
着る	お召しになる ご着用になる	着させていただく 着用いたす
来る	いらっしゃる お越しになる お見えになる	伺う 参る
叱る	お叱りになる お怒りになる	いさめる
死ぬ	お亡くなりになる 逝去、(慣例として)ご逝去	—
知る	ご存じ	存じ上げる 存じる 承知する
する	なさる される	いたす
助ける	ご支援する お力添えする	お手伝いいたす
尋ねる	お尋ねになる お聞きになる	お伺いする お聞きする
食べる	お食べになる お上がりになる 召し上がる	いただく 頂戴する

普通語	尊敬語	謙譲語Ⅰ・Ⅱ
電話する	お電話なさる お電話くださる	お電話する
飲む	お飲みになる 召し上がる	いただく
見せる	お見せになる	お見せする お目にかける ご覧に入れる
見る	ご覧になる 見られる	見せていただく 拝見する
持つ	お持ちになる	お持ちする
もらう	お受け取りになる お納めになる	いただく 頂戴する
休む	お休みになる 休まれる	お休みさせていただく
許す	お許しになる ご容赦	—
読む	お読みになる お読みになられる	読ませていただく 拝読する
わかる	おわかりになる ご理解 ご承知	かしこまる 承知する お察しする

〈名詞〉

対象	尊敬語	謙譲語Ⅱ（丁重語）
人	○○様 そちら様	私（わたくし） 当方 こちら
集団	皆様 各位	私（わたくし）ども 一同 手前ども
気持ち	お気持ち お心遣い ご厚情 ご高配	寸志 薄謝
考え	ご高察 ご賢察 ご高論 尊慮	愚見
才能	—	愚才 浅学 不肖
名前	お名前 ご高名 ご芳名	愚名

対象	尊敬語	謙譲語Ⅱ（丁重語）
体	御身 おからだ	—
顔	ご尊顔	—
髪	おぐし	—
足	おみ足	—
住居	ご自宅 お住まい お宅	拙宅 小宅
学校	貴校	当校
店	貴店	弊店 小店 当店
銀行	貴行	弊行 当行

対象	尊敬語	謙譲語Ⅱ（丁重語）
土地	貴地 御地	当地
新聞	貴紙	弊紙 小紙
雑誌	貴誌	弊誌 小誌
作品	御高作	愚作 拙作
著作	貴著	愚書 拙著
原稿	玉稿	拙稿
文章	御高文	拙文 乱文

対象	尊敬語	謙譲語Ⅱ（丁重語）
詩歌	芳詠	愚詠 拙句
手紙	芳書 芳信 ご書面	寸書 寸簡
筆跡	尊筆	拙筆 乱筆
品物 贈答品	ご厚志 佳品 お心づくしの品	粗品 心ばかりの品 つまらないもの
着物	お召し物	―
着替え	お召しかえ	―
食事	佳肴	粗食 お口汚し

〈人物の呼称〉

対象	相手方に対して	自分側に対して
家族	ご家族様 ご一同様	家の者 家族一同
親	親御さん ご両親（様）	両親 父母
父親	お父様 父上様	父
母親	お母様 母上様	母
夫	ご主人様 旦那様	主人 夫
妻	奥様	家内 妻
息子	ご子息 息子さん	息子 長男 次男
娘	ご令嬢 お嬢様	娘 長女 次女

対象	相手方に対して	自分側に対して
子	お子様（がた）	子ども（ら）
兄	お兄様	兄
姉	お姉様	姉
弟	弟さん	弟
妹	妹さん	妹
祖父	お祖父様	祖父
祖母	お祖母様	祖母
叔父（伯父）	叔父様 伯父様	叔父（伯父）
叔母（伯母）	叔母様 伯母様	叔母（伯母）
甥	甥御さん	甥
姪	姪御さん	姪
孫	お孫さん	孫

〈ビジネス〉

普通語	ビジネス用語
私（わたし） ぼく	私（わたくし）
私（わたし）たち	私（わたくし）ども
相手の会社	御社 貴社
自分の会社	弊社 小社 当社
誰	どなた
どこ	どちら
こっち	こちら
あっち	あちら
そっち	そちら
今	ただいま
さっき	先ほど

普通語	ビジネス用語
あとで	のちほど
今度	このたび
この前 この間	先日
何日かあと	後日
前に	以前に
もうすぐ	間もなく
もう	すでに
すぐに	早速
すごく	非常に
本当に	誠に
じゃあ	それでは
たくさん 多い	多大

普通語	ビジネス用語
とても	大変
少し	少々
今日（きょう）	本日（ほんじつ） 今日（こんにち）
明日（あした）	明日（みょうにち、あす）
明後日（あさって）	明後日（みょうごにち）
昨日（きのう）	昨日（さくじつ）
一昨日（おととい）	一昨日（いっさくじつ）
昨日の夜 **夕べ**	昨夜
明日の朝	明朝
明日以降	後日
今年	本年
去年	昨年
一昨年（おととし）	一昨年（いっさくねん）

〈来客・訪問時の言葉〉

普段の言葉	敬語表現
はい、何でしょうか？	いらっしゃいませ。 恐れ入りますが、お名前をお伺いしてもよろしいでしょうか？
約束はありますか？	恐れ入りますが、お約束はいただいておりますでしょうか？
こっちへどうぞ	ご案内いたします。どうぞこちらにお越しください
今呼びますので、ここで待っていてください	お取り次ぎいたしますので、こちらで少々お待ちいただけますでしょうか？
○○課長と約束しているのですが	○○課の○○課長と○時にお約束をいただいております
どうぞ座ってください	どうぞおかけください
今日は来てもらってありがとう	本日は、お忙しい中お越しいただきまして、ありがとうございます
雨の中来てもらってすみません	お足元の悪い中をお越しいただき、ありがとうございます
忙しいときにすみません	お忙しいところ、お時間を取っていただき、ありがとうございます
（帰り際に）では、よろしくお願いします	お手数をおかけいたしますが、どうぞよろしくお願いいたします

〈上司・先輩に対しての言葉〉

普段の言葉	敬語表現
知ってますか？	ご存じでしょうか？
わかりました 了解です	承知いたしました かしこまりました
〜してほしいのですが	〜していただきたいのですが
もらいます	頂戴いたします
今、いいですか？	今、お時間よろしいでしょうか？
今、行きます	はい、ただいま、参ります
待たせてごめんなさい	お待たせして申し訳ございません（ありません）
一緒に行ってもいいですか？	お供させていただいてもよろしいでしょうか？
ここにサインを下さい	こちらにサインをお願いできますか？
課長、そろそろ行きますか？	課長、そろそろいらっしゃいますか？
タクシーと電車、どっちで行きますか？	タクシーと電車のどちらでおいでになりますか？
この資料を見てもらえますか？	この資料を、ご覧いただけますでしょうか？

〈電話での言葉〉

普段の言葉	敬語表現
はい、○○課長ですね。お待ちください	かしこまりました。課長の○○でございますね。ただいまおつなぎいたしますので、少々お待ちいただけますでしょうか？
すみません。声が聞こえないのですが	申し訳ございません。少しお電話が遠いようなのですが
すみません。○○は今日休みです	申し訳ございません。あいにく○○は、本日、休みを取っております
すみません。○○は今、ちょっとお昼に出ています	申し訳ございません。あいにく○○はただいま、席を外しておりますが、間もなく戻ってくる予定です。戻り次第、こちらからお電話させていただきますが、いかがいたしましょうか？
私が伝言を聞きましょうか？	よろしければ、私がご用件を承りますが、いかがいたしましょうか？
○○について聞きたいんですけど	○○の件について伺いたいのですが、ご担当の方はいらっしゃいますか？
いつ戻りますか？	何時頃お戻りのご予定でしょうか？
またあとで電話します	お戻りになる頃、こちらから改めてお電話いたします
すみません、伝言お願いできますか？	恐れ入りますが、伝言をお願いできますでしょうか？

〈接待・酒の席での言葉〉

普段の言葉	敬語表現
(仕事帰りに酒の席に誘われたとき) はい、行きます！	ありがとうございます。喜んでお供させていただきます(ぜひ、ご一緒させてください)
(相手の誘いを断るとき) すみません、ちょっと都合が悪くて	ありがとうございます。せっかくですが、その日は先約が入っておりまして
これ、食べますか？	こちらを召し上がりますか？
ビールを飲みますか？	ビールはいかがですか？
(酒を勧められて) 私、飲めないんです	あいにく不調法《ぶちょうほう》で申し訳ございません
(お酒を勧められて) はい、いただきます！	恐れ入ります。では、遠慮なくいただきます
(ごちそうになる場面で) ごちそう様です	ありがとうございます。それでは、お言葉に甘えさせていただきます
ごちそう様でした	本日はごちそうになりまして、本当にありがとうございました
(ごちそうになった翌日) 昨日(きのう)は楽しかったです	おはようございます。昨日(さくじつ)はありがとうございました

〈お願い・お断りの言葉〉

普段の言葉・状況	適切な言葉
手伝ってもらえますか？	お忙しいところ大変申し訳ありませんが、お手伝いいただけませんでしょうか？
厄介な頼みごとをする	ご無理を承知でお願いに上がりました 無理を承知のうえで、そこを何とかお願いいたします
恥ずかしいお願いをする	身の縮む思いでお願いに上がりました
教えてほしいのですが	お知恵を拝借したいのですが
協力をしてほしいのですが	お力添えいただけないでしょうか？ ○○様のお力添えを賜りたく存じます
○○さんを紹介してほしいのですが	○○様にお引き合わせ願えませんでしょうか？
悪いんですけど	大変申し訳ございませんが 残念ですが 大変心苦しいのですが
参加できません	あいにくほかの予定が入っておりまして
商談で無理な条件を出されて婉曲に保留するとき	私個人の一存では、何ともお答えできませんので、上の者と相談してお返事をさせていただいてもよろしいでしょうか

〈苦情を伝える・苦情に対処する言葉〉

普段の言葉・状況	適切な言葉
商品が届かないのですが	納品を確認できておりません
納品が遅れている商品の納期を知りたいとき	商品がいつ届くのか、わかり次第お知らせいただけますでしょうか？
請求書の金額が間違っている	請求書の金額が納品書と異なっているようですが
ミスじゃないですか？	何かの手違いかと存じますが
困るんですけど	困惑しております
連絡してくれるはずでしたが	ご連絡いただきたいとお願いしていたはずですが
お客様から商品が届かないと言われて	大変申し訳ございません。早急にお調べいたしますので、○分ほどお時間をいただけませんでしょうか
お客様から「今後気を付けて」と言われて	このたびは誠に申し訳ございませんでした。今後、二度とこのようなことがないよう、社員一同気を付けて参ります
お客様から社員の手違いを責められて	私どもの社員がとんだ手違いをしてしまいまして、おわびのしようもございません 私の監督不行き届きで、誠に申し訳ございませんでした

〈反論をやわらかく言う言葉〉

きつい反論表現	やわらかい反論表現
それは違うと思います	お説ごもっともだと思います。しかし、○○のような場合もあると思いますが、いかがでしょうか？
その件は、さっき言いましたが	先ほど申し上げたかもしれませんが
言っていることがよくわからないです	先ほどのお話の中に出てきた○○について、もう少し詳しくご説明いただけませんか？
こんなこと言いたくありませんが	申し上げにくいことですが
前に言っていたことと違いませんか？	以前に○○と伺った記憶がございますが、記憶違いでしたら申し訳ありません
私も言いたいことがあるのですが	私の話もお聞きいただけますでしょうか？
（不可抗力のミスを指摘されて）私はちゃんとやりました	私としてはできるだけのことはしたつもりですが
（言葉の行き違いでトラブルになった）ちゃんと説明したんですけど	私の言葉が足りなかったのかもしれませんが

末岡 実　SUEOKA Minoru

1948年北海道生まれ。フェリス女学院大学名誉教授。北海道大学大学院文学研究科博士課程単位取得満期退学。中国哲学・漢文学専攻。著書に『列女傳選』（芸立出版）、『「漢字の知識」これだけ講座』『日本語の達人』（海苑社）『正しい言葉遣い』（阿部出版）など。

正しい敬語　第2版
美しい日本語を話したい人のために

2021年7月1日　初版第1刷発行
2022年5月1日　初版第2刷発行

著者　**末岡 実**
発行人　**阿部秀一**
発行所　**阿部出版株式会社**
〒153-0051
東京都目黒区上目黒4-30-12
TEL：03-5720-7009（営業）
03-3715-2036（編集）
FAX：03-3719-2331
http://www.abepublishing.co.jp
印刷・製本　**アベイズム株式会社**

ISBN978-4-87242-672-4　C0081